AF240760

ERNEST RAYNAUD

SOUVENIRS DE POLICE

LA VIE INTIME

DES

COMMISSARIATS

PAYOT, PARIS

LA VIE INTIME

DES

COMMISSARIATS

ERNEST RAYNAUD

SOUVENIRS DE POLICE

LA VIE INTIME
DES
COMMISSARIATS

PAYOT, PARIS
106, BOULEVARD ST-GERMAIN

1926

Tous droits réservés.

LA
VIE INTIME DES COMMISSARIATS

I

LES COMMISSAIRES DE POLICE

Une lanterne rouge désigne à Paris les commissariats et les postes de police. Cela désigne tout autre chose, en province, mais qui songerait à s'en étonner, puisqu'à l'image de la batellerie, l'usage s'est introduit, dans tous les genres de transports, de marquer les écueils de feux rouges ? Or, ici et là, à Paris comme en province, il s'agit d'un lieu public, que beaucoup considèrent comme un écueil. Cette lanterne fut imaginée par le lieutenant de police, Machault (1718-1720), qui décréta qu'elle serait allumée tous les soirs, chose nouvelle à une époque où l'on n'éclairait que dans les nuits sans lune, mais elle était blanche, alors, blanche comme les lys de nos rois. Sa couleur rouge lui vient de la Révolution.

C'est à son enseigne que j'avais mon comptoir établi désormais, puisque je venais d'être nommé commissaire de police du quartier Saint-Lambert. J'avais enfin réussi à ceindre l'écharpe, et je sais des gens qui n'en sont pas encore revenus de leur étonnement, tant les choses de police leur paraissent inconciliables avec les inclinations du poète. C'est qu'ils ignorent en quoi consistent les fonctions de commissaire de police à Paris, du moins celles de commissaire de quartier. Je n'en veux pour preuve que ce que j'en entends rabâcher tous les jours autour de moi. Les préjugés ont la vie dure. Je ne crois donc pas inutile, pour les détruire, d'insister sur mon nouvel état.

Sous l'ancien régime, le poste de commissaire de police était une charge mise à l'encan. Qui en offrait le prix avait chance de se voir agréer, sans fournir d'autre titre, ni faire preuve de capacités professionnelles. On fut longtemps avant de se douter que ce poste exigeait des aptitudes spéciales et des vertus. Bien mieux, l'opinion n'était pas loin de prévaloir qu'on ne pouvait mieux confier le soin de déjouer les complots de malfaiteurs qu'à des gens élevés à leur école. Or, tout agent de l'autorité, assuré de l'impunité, se sent porté aux exactions. Qui parlait, alors, de légalité? Tout cédait à la contagion. L'exemple venait de haut. Les lettres de cachet, les prisons d'État, étaient là pour étouffer les murmures et venir à bout des plus récalcitrants. La masse noire de la Bastille, qui pesait sur Paris, enseignait la prudence, calmait les velléités de résistance, inspirait au bas peuple des réflexions salutaires. Il semblait que le respect ne fût dû qu'aux favoris de la fortune, aux gens en place, aux courtisans, à la maîtresse en titre. La rigueur tombait sur les humbles, dénués de protecteurs. La police avait inauguré une méthode expéditive de purger la ville, c'était d'y faire le vide. A certains jours, on ramassait pêle-mêle tout ce qui traînait de suspect dans la rue : hommes, femmes, jeunes gens, pour les expédier, par bandes, à la Louisiane, dans des conditions si désastreuses que la plupart mouraient, en route, de fatigue et de privations. Il disparaissait alors beaucoup d'enfants. On prétendait qu'on en tirait des bains de sang pour les grands seigneurs épuisés. Le cri public en accusait la police. Cette opinion était si ancrée qu'elle amena des émeutes, comme celle du 17 septembre 1755, où la demeure du lieutenant de police fut emportée d'assaut. Berryer, qui était alors en fonctions, ne dut son salut qu'à la fuite. Tout cela était peu fait pour rendre les commissaires de police sympathiques. Il s'y était glissé tant de mauvais éléments qu'à diverses reprises — comme il advint sous Sartines — on dut les casser aux gages et réformer le corps tout entier. Il fallait débourser pour porter plainte. Il fallait, pour les interventions les plus justes, acheter leur complaisance. La loi exigeait des filles publiques qu'à chaque inscription, à chaque visite, elles payassent une redevance. Certes, il y avait des exceptions. Il y avait, sous la Régence, cet intègre Renard, commissaire de police du Palais Royal, qui savait tenir à distance la tourbe des mouches et des exempts. Il y eut, les Boylève, les Delamarre, qui faisaient dire, plus tard, au lieutenant de police Albert, lorsque ses commissaires lui demandaient d'être affranchis de la robe qu'ils portaient : « Pourquoi rougiriez-vous de revêtir un habit illustré par de tels hommes? » Mais l'ensemble de la corporation était l'objet de méfiances et de critiques justifiées. A la veille de la Révolution, Sébastien Mercier écrivait d'eux : « Une fréquentation journalière et nécessaire avec l'inspecteur, l'exempt de police, les espions, les mouchards, leur a imprimé je ne sais quelle similitude, qui leur a ôté presque entièrement la physionomie de juges. »

Comment s'étonner que le peuple prît un malin plaisir à les chansonner et à les voir malmener en effigie?

« Il n'y a point de farce sur le boulevard, écrit encore Sébastien Mercier, où l'on ne voie arriver un commissaire, à la suite d'une querelle. Il est en robe sale et trouée; on lui arrache sa perruque; on le bâtonne sur le théâtre aux éclats de rire de la populace. Il en est de même à la Rapée, dans une joûte que l'on donne sur l'eau. Les personnages figurent une rixe; ils se battent, le com-

missaire vient, il procède, il verbalise, il inter-
roge : on finit par le jeter à la rivière avec sa
plume, son rouleau de papier et son écritoire. »

C'est parce que les commissaires d'autrefois
recueillaient sur leur passage des marques évidentes de leur impopularité, qu'ils voulaient
quitter la robe qui les y exposait. Ils n'en seront
affranchis que par la Révolution. Leur charge
cesse alors d'être vénale. Ils sont nommés à l'élec-
tion, mais ne peuvent se maintenir qu'en don-
nant des gages de civisme, ce qui les incline
encore à forfaire. C'est le régime des suspects qui
commence et va se poursuivre sous l'Empire.
L'époque la plus triste pour les commissariats
est celle de la seconde restauration. MM. Fran-
chet et Delavau ont fait place nette pour y loger
leurs créatures. C'est la Congrégation qui désigne les titulaires des postes et les voue à l'espionnage. La tiédeur est un crime aux yeux de ces
messieurs de Montı   ge. Il faut dénoncer à tort
et à travers, accumuler les faux rapports...

La condition des commissaires de police à
Paris s'est singulièrement relevée de nos jours.
On disait de ceux d'autrefois : « Le peuple les
craint plus qu'il ne les respecte. » On peut dire
de ceux d'aujourd'hui qu'ils sont respectés plus
qu'ils ne sont craints. Cela tient, d'abord, à ce
qu'ils ont cessé de s'infiltrer dans la vie politique,
et, ensuite, à ce qu'on a perfectionné leur mode
de recrutement. Après 1870, il fut décidé que les
commissaires de police seraient choisis parmi

les secrétaires de commissariats ayant fait leurs preuves. C'était déjà une amélioration, puisqu'on avait relevé le niveau des secrétaires, en exigeant qu'ils fussent pourvus d'un titre universitaire et soumis à un examen préalable. M. Léon Renault fit mieux encore, en décrétant que l'écharpe ne serait octroyée qu'au prix d'une seconde épreuve.

Quand l'un de ces magistrats est mis à la scène, ce n'est plus pour être bafoué. On a vu, de nos jours, M. Sacha Guitry, dans la *Prise de Berg-op-Zoom*, choisir pour héros un commissaire de police, auquel il ne prêtait pas trop mauvaise figure.

Qu'est-ce qu'un commissaire de police à Paris? — « Rien ! répond celui-ci : un rond-de-cuir, un soliveau, une simple machine à signatures. » — « Tout ! répond celui-là. Il tient, dans ses mains, l'honneur et la considération des citoyens, la perte ou le salut de l'État! » Et les deux ont raison.

« Quel homme redoutable qu'un commissaire de police, écrivait Saint-Edme, en 1829, quel immense pouvoir il exerce!... Un commissaire peut commettre impunément plus d'actes arbitraires que toutes les autres autorités constituées, et il est cependant au dernier degré de l'échelle administrative et judiciaire. »

Il est vrai que le commissaire de police est au bas de l'échelle judiciaire, et qu'il n'a aucun pouvoir effectif, sauf en matière de contraventions.

La loi dit que le rôle des commissaires de police est de faire respecter les règlements, de maintenir l'ordre public, de protéger la sécurité des personnes et des biens. Elle dit qu'ils sont chargés de rassembler les preuves des crimes et délits et d'en déférer les auteurs aux tribunaux. Ils n'ont le droit d'opérer aucune arrestation de leur propre autorité, sauf en cas de flagrant délit.

Il est aussi très vrai que le plus clair de leur temps se passe à délivrer des certificats, à certifier « conformes » des signatures, et à apposer leur paraphe au bas d'un déluge de paperasses. Mais à côté de leurs attributions légales, s'en mêlent d'autres que l'usage a introduites et auxquelles il leur serait difficile de ne pas se conformer. Le vulgaire s'est habitué à leur demander conseil en toutes occasions, même dans les affaires les plus étrangères à leur ressort. Les parties s'obstinent à les choisir pour arbitres dans leurs querelles et leurs différends d'ordre privé. Le commissaire fait donc office d'avocat consultant gratuit et, au besoin, de juge de paix.

Il n'y a pas, tel qu'il est conçu par les magistrats parisiens, de métier plus noble que celui de commissaire de police. Il n'y en a pas qui exige davantage, rassemblées chez un même individu, les vertus du prêtre, du poète, du soldat, ces trois catégories d'hommes que Baudelaire place au sommet de l'échelle sociale.

Comme le poète, le commissaire est appelé à se pencher sur la misère humaine, à y compâtir et à la soulager; comme le soldat, il est appelé à protéger et à défendre ses concitoyens à ses propres risques, quelquefois au péril de sa vie même, et s'il est forcé de sévir, il a licence, comme le prêtre, de pardonner et d'absoudre. C'est ici qu'il doit faire preuve de qualités de discernement. Le magistrat le plus digne est celui qui estime avec Montaigne que « c'est raison de faire grande différence entre les fautes qui viennent de notre faiblesse et celles qui viennent de notre malice ». Je sais pourtant des gens opposés à cette doctrine et qui déplorent les scrupules comme un excès d'indulgence. « Tout comprendre, objectent-ils, c'est tout excuser », et, loin d'approuver que le commissaire de police compatisse aux infirmités de nature, ils veulent lui voir témoigner

> ces haines vigoureuses
> Que doit donner le vice aux âmes vertueuses.

« Nous lui pardonnerions plutôt, disent-ils, un excès de sévérité. Qu'il assure l'ordre et la tranquillité des honnêtes gens, même à coups d'arbitraire, même au prix d'une injustice, s'il est nécessaire, nous l'en excuserons volontiers. Ce n'est pas à lui, c'est aux tribunaux qu'il appartient de départager les torts et de rechercher les circonstances atténuantes ou les excuses absolutoires. Le rôle du commissaire de police est celui d'un écumeur, d'un pourvoyeur. Qu'il rabatte le gibier avec zèle, sans choisir, et fasse bonne mesure. Qu'il se fasse craindre et propage une terreur salutaire. Que la canaille tremble à son seul nom, tout n'en ira que mieux. Il nous suffit qu'il ait les qualités d'un bon chien de garde. » Et moi je leur réponds : « O hommes inconsidérés, vous ne réfléchissez pas que si votre chien de garde vous donne satisfaction lorsqu'il écarte les vagabonds et les maraudeurs, il vous désole quand il mord le fournisseur qui a trouvé la porte ouverte ou le visiteur qu'il ne sait pas être votre ami. On recommande au chat de manger les souris sans songer qu'il élargira la permission jusqu'à manger le poisson rouge du bocal et les serins de la cage. O hommes imprudents, qui fournissez les verges dont vous serez fouettés ! Vous auriez raison, s'il y avait les honnêtes gens d'un côté et la canaille de l'autre, s'il y avait, entre eux, une distinction aussi tranchée, aussi nette, qu'entre les visages blancs et les visages nègres. Vous pourriez alors, en toute sécurité, et sans crainte d'erreur, lâcher, dans le camp ennemi, la férocité de vos molosses; mais, si honnêtes que vous vous estimiez et si infatués que vous soyiez de vous-mêmes, êtes-vous sûrs de ne jamais vous trouver de l'autre côté de la barrière? Etes-vous sûrs de ne jamais céder à un caprice, à une tentation, à une imprudence, à un mouvement de curiosité ou de colère? Etes-vous sûrs de ne jamais vous voir compromis, ne fût-ce qu'en apparence, et sur une dénonciation calomnieuse, dans une aventure fâcheuse? Etes-vous sûrs de ne jamais rencontrer le commissaire de police sur votre chemin? A qui vous en prendrez-vous alors, s'il vous impute une bagatelle à crime; s'il en use avec vous, pour un égarement passager, comme avec le commun des malfaiteurs? Quel soulagement, au contraire, si, vous trouvant en présence d'un magistrat éclairé et humain, vous pouvez, grâce au secours et à l'appui qu'il vous prête, faire éclater d'emblée votre innocence ou sortir indemne de votre incartade! » Je leur dis cela, mais, loin de rendre, les armes, ces forcenés s'enracinent dans leur conviction et poursuivent : « Rien n'est plus dangereux que de demander au commissaire de police ces sortes de distinctions subtiles. On risque de l'induire au scepticisme dissolvant. C'est énerver la vertu de la répression, c'est élargir les mailles du filet. On met un doigt dans l'engrenage et tout le corps y passe, car, enfin, on va loin avec votre système. Si la nécessité excuse l'indigent qui a volé un pain, elle peut aussi excuser celui qui dérobe une bourse. Le criminel-né, aussi, peut invoquer son vice de nature, son hérédité fâcheuse, sa mauvaise éducation, quand ce n'est pas la force de l'habitude. On serait amené à ne voir, partout, que des irresponsables. »

— « Et quand cela serait ? répondrai-je, le devoir du commissaire de police n'en serait pas moins tracé. On ne considère point les chiens enragés comme responsables. Les laisse-t-on, pour cela, courir en liberté? On les tue, si on les rencontre, pour les mettre hors d'état de nuire. On ne se scandalise pas du cynisme des fous. On les enferme. Si, même, le magistrat restait convaincu que les pires apaches sont irresponsables et conduits par une force à laquelle ils ne peuvent résister, en hésiterait-il moins à en purger la société qu'il est chargé de défendre? Ne lui demandez donc pas l'âme d'un sectaire ni l'aveugle férocité d'un molosse. Souffrez qu'il accorde ses gestes avec sa conscience. Le cultivateur est persuadé que la mauvaise herbe pousse, comme la bonne, par vertu naturelle. Il n'en continue pas moins à sarcler son champ. Il lui suffit d'obéir à la notion de l'utile. » Et laissez-moi conclure par un exemple assez ancien pour qu'il y soit fait allusion sans dommage.

Une femme, mère de famille, jeune encore, épouse d'un homme considéré, avait un amant, marié lui-même, père de famille, jouissant d'une situation enviée, qu'elle commit l'imprudence de recevoir (un soir où son mari avait conduit ses enfants au théâtre) et qui mourut, dans ses bras, de la rupture d'un anévrisme. La femme avait écarté les domestiques. Elle se trouvait seule, dans le pavillon qu'elle occupait. On devine son affolement. Elle se lève en hâte, s'ajuste, court implorer secours au commissariat, qu'elle trouve fermé en raison de l'heure tardive. Elle n'hésite pas à se présenter au domicile particulier du commissaire, se jette à ses genoux et le conjure de la sauver. Le mari pouvait rentrer d'un instant à l'autre, et aussi les domestiques. C'était le scandale, la ruine, le déshonneur. Il n'y avait pas une minute à perdre. Le commissaire avait eu un moment de perplexité. La femme était coupable. La loi donnait au mari, survenant à l'improviste et découvrant l'adultère, le droit de la tuer. La situation était critique et pleine de menaces. Le commissaire pouvait s'en laver les mains. Il le pouvait d'autant plus qu'il n'avait pas à se féliciter de l'attitude de ce ménage, ami d'un politicien influent, qui par système, par conviction, par nécessité politique, affichait son hostilité de la police et lui avait suscité plusieurs petits ennuis, au cours de sa carrière. Son devoir se bornait à constater le décès. Le corps ne pouvait être enlevé qu'après une visite médicale. Où trouver, en pleine nuit, un médecin à bref délai? Le corps ne devait être transporté que dans un fourgon des pompes funèbres, dont la réquisition ne se pouvait faire de nuit. Force était d'attendre au lendemain. Pourtant le commissaire prit une résolution imprévue. Prévenir son garçon de bureau, se rendre dans la chambre, habiller le défunt, le faire disparaître, tout cela fut fait si discrètement, si rapidement, qu'aucun éveil ne fut donné au voisinage. Le corps fut conduit au poste, ramené, au jour, à son domicile comme celui d'un homme ramassé sur la voie publique. Tout resta secret. Rien de l'aventure ne fut ébruité et, si la veuve eut quelque velléité de soupçons, ils s'évanouirent vite devant la parole du magistrat, donnée avec assurance. Le commissaire avait fardé la vérité. En négligeant, lors de la levée du cadavre, les prescriptions réglementaires, il avait commis un acte frisant l'illégalité, mais il estimait qu'en étouffant le scandale et en sauvant l'honneur de deux familles, il avait rempli consciencieusement sa tâche et servi plus utilement la société, qu'en déférant la mère coupable au châtiment. Le commissaire ne regretta pas son acte, pas même quelques jours plus tard, lorsque, dépliant une feuille locale, il y lut, à son adresse, à propos d'un acte insignifiant de son ministère, un article imprégné de fiel, inspiré par le mari pour lequel il s'était si bénévolement compromis, et qui ne sut jamais qu'il lui devait la paix de son foyer.

L'action bienfaisante du commissaire de police trouve à s'exercer, surtout, dans les quartiers ouvriers. Il y devient le conseil et l'appui des miséreux. Certains magistrats y ont acquis une véritable popularité; tel, mon prédécesseur au quartier de Plaisance, M. Grimal. Sa mort, survenue dans l'exercice de ses fonctions, y fut considérée comme un revers public. Le peuple des pauvres gens assistait en foule à ses obsèques et faisait une haie si dense sur toutes les voies du parcours, que M. Laurent, secrétaire général de la Préfecture, ne put cacher sa surprise. On vit des échoppes, des ouvroirs, des ateliers, se vider et se fermer en signe de deuil. A côté des couronnes officielles, s'entassaient, sur le char, un nombre incalculable de petits bouquets (les fleurs coûtent cher en décembre) pour lesquels on sentait que l'indigence elle-même s'était cotisée. Jamais cortège ne se déroula dans une telle atmosphère de recueillement ému. Des femmes pleuraient, et de pauvres diables disaient avec une affliction dans la voix : « C'est un père que nous avons perdu ! »

Et quelle vie propre à tenir l'esprit en éveil et à affiner la sensibilité que celle de commissaire de police ! Quelle vie mouvementée, riche en contrastes ! Votre fonction vous ouvre toutes les portes, vous introduit dans tous les mondes. La nécessité d'une enquête vous mène du cabinet du financier, du boudoir de la mondaine, du bar étincelant, où s'étourdit la jeunesse dorée, à l'hôpital, au galetas du roulier, au taudis de la pierreuse, à l'assommoir du faubourg, où croupit une clientèle abrutie de misère et d'alcool. Tout le jour on a perquisitionné chez les brocanteurs, inventorié de la ferraille, remué un fumier de loques ; on a gravi, derrière l'huissier, des escaliers vermoulus ; visité des logements moisis d'humidité ou pourris de vermine ; on a interrogé des vagabonds, des apaches, le lie et le rebut de la société ; on a pris mesure de la détresse humaine, et, le soir, on va faire sa ronde dans les théâtres du boulevard, dans les music-halls, dans les lieux de plaisir, où se dépense, en un quart d'heure, plus d'argent qu'il n'en faudrait, ailleurs, à des familles de prolétaires pour subsister pendant des mois. Les privilégiés de la fortune y étalent leur opulence. Les heureux du jour y affichent leur bonheur. On se trouve mêlé à la foule élégante et parée, dans un ruissellement de lumières, d'épaules nues, de fleurs et de bijoux. On cède au vertige de la griserie ambiante. On a pris sa part de la fête. On rentre chez soi, les oreilles bourdonnantes de refrains joyeux, les regards emplis de visions agréables. Ce n'est qu'un bref répit. Après un court sommeil, il faut souvent se secouer avant l'aube, se lever en hâte pour quelque corvée matinale, dont l'une des plus pénibles est, dans les cimetières, le service des exhumations. Mon poste m'avait fait assigner le cimetière de Bagneux. Bagneux, que c'est loin! surtout si le tramway raté vous oblige à fournir la course à pied. Allez donc dénicher un taxi à cette heure-là! On gagne, à travers un dédale de ruelles minables, la grille de l'octroi, aux lanternes encore allumées. On affronte la désolation d'un paysage de banlieue. On va, le long des terrains vagues, de masures sinistres, de boutiques encore endormies, sifflotant malgré soi un refrain de la veille dont on reste obsédé. Le jour poind à peine. On trébuche sur la chaussée caillouteuse, sur les trottoirs à demi effondrés. Le chemin est jalonné de boîtes d'ordures, visitées par les chiffonniers et les chiens errants. On arrive au cimetière au moment où le coup de sifflet rassemble les gardes. L'opération commence. On suit les fossoyeurs à travers une terre humide et grasse, où l'on enfonce jusqu'à la cheville. La glaise colle aux semelles, en blocs tenaces. Une course effrénée vous mène au bord d'une fosse béante. Les cordages remontent un cercueil, que l'on ouvre. On passe ainsi la revue des cadavres. Les uns, encore frais, apparaissent, le geste crispé comme s'ils se débattaient contre un horrible cauchemar ou protestaient contre l'acte sacrilège qui trouble leur sommeil et les ramène au jour. D'autres sont déjà momifiés. D'autres, réduits à l'état de squelettes. Ce sont les plus supportables ; mais quelle désolante vision que celle des corps ballonnés, suintants de glaires et de pus verdâtre, des faces rongées de mucosités sanguinolentes, des chairs corrompues où grouillent les vers ! Et toutes ces mâchoires, au rictus hallucinant, comme une ironie ou un défi jeté à nos suprêmes espoirs ! Souvent, la famille est là, des femmes en deuil, qui contemplent d'une stupeur mêlée de dégoût, ce que la mort a fait d'un être cher ; des hommes, qui pâlissent à voir quelle pourriture est devenue l'aimée. Des sanglots éclatent. Des assistants défaillent, tandis que les fossoyeurs, indifférents, versent les détritus humains dépotés, dans un trou préparé d'avance, et qu'il leur faut combler. La famille partie, les fossoyeurs achèvent leur travail, la pipe aux dents, causant de leurs petites affaires, et parfois rigolent, joyeux du pourboire reçu. La terre s'éboule. Les cailloux sonnent. Et cela dure jusqu'à neuf heures, c'est-à-dire jusqu'au moment où les portes du cimetière s'ouvrent au public, livrant passage à la file des convois nouveaux.

La fonction de commissaire de police, à Paris, loin d'étouffer les nobles sentiments, les nourrit. J'en prends à témoins : mon collègue et confrère Jean Court, l'un des fondateurs du *Mercure de France*, mon collaborateur au *Sagittaire*, et d'autres, comme Simand, Landel, Martel, Thierry, Teyssonnières, mon ex-secrétaire à Plaisance (et soyez sûrs que j'en oublie) qui ont publié, en librairie, des recueils de vers, capables de soutenir la comparaison avec ceux des professionnels. La veine de M. Faralicq, commissaire aux délégations, ne s'y est pas desséchée, puisque, sur la fin de sa carrière, il vient de réunir des poèmes qui ont obtenu les éloges de la critique. J'en sais d'autres qui cultivent la Muse en secret, comme faisait Dumas, ou qui, comme le divisionnaire Bouteillier, publient leurs vers sous le manteau. Albert Michaut, plein d'humour et de fantaisie, s'est fait renom de chansonnier habile. Leur besogne chargée ne permet guère aux magistrats parisiens de s'atteler à une œuvre de longue haleine Pourtant, M. Archer a manié la prose, et M. Péchard, qui instrumentait au quartier Gaillon, est l'auteur de toute une série d'ouvrages estimés. Il a touché à tout : poésie, archéologie, criminologie, sports, nouvelles. Il vient de publier un traité de culture plastique : L'*Eurythmie de la Beauté*. Il a même touché au théâtre, comme Gabet (l'un des librettistes des *Cloches de Corneville*) Vérillon, Michaut, Bureau et Faralicq, qui eut la chance d'être interprété par de Max, aux Variétés. Et je ne parle pas de ceux qui ont écrit des manuels spéciaux, des bréviaires de police, comme Parnet, Cœuille, etc..., mais il me faut bien signaler l'ouvrage de René Payaud sur la *Liberté Individuelle*, d'une science consommée et d'une hauteur de vues remarquable. Il n'y a pas que la littérature qui soit en honneur dans les commissariats. La musique, la peinture et la sculpture y ont leurs fervents. Plusieurs magistrats ont passé par l'Ecole des Beaux-Arts. Tel, Pajot, qui, dans sa jeunesse, avait partagé la misère et la soupente de Zola. Guillaume, le divisionnaire, sculptait. Benin occupe ses loisirs à peindre, Soule à faire de la musique, et Michaut, l'omniscient,

> Qui manie et de verve, et sans jamais déchoir,
> La pointe, le pinceau, la plume et l'ébauchoir

est devenu, depuis qu'il a pris sa retraite, l'un de nos portraitistes de salon, les plus achalandés.

A côté des fervents de littérature et d'art ou de simples amateurs comme Zamaron (qui vient de présider le banquet amical de l'aide aux artistes) Mazé, Legrand, Peyrot des Gachons, l'instructeur des gardiens de la paix, les commissariats comptent des fervents de la Science. Tirache, naguère, s'occupait de la direction des ballons. Euriat a fait quelques découvertes intéressantes en ce qui concerne la mise au point photographique. Jean Valéry et Buchotte, mes deux anciens condisciples, avec Jules Renard, du lycée Charlémagne, fouillaient les vieux documents. Hamon, Goron, ont publié des mémoires intéressants.

En somme, tous les commissaires de police ont leur violon d'Ingres, qui témoigne de leur culture. Ne dites plus que leur métier s'oppose à la qualité d'intellectuel ni même d'homme du monde. Je n'ai jamais connu d'hommes du monde plus accomplis que MM. Touny, Mourgues, Martin Montlahuc, Ducrocq, Berthelot, Soullière, Paul Guichard, Poncet, Lacambre... Mais à quoi bon citer ? Tous mériteraient une mention puisque le corps des commissaires de police, à Paris, se recrute par sélection.

II

MESSAGE OFFICIEL

J'ai un tel respect de la mort que je n'en reçois jamais indifféremment la nouvelle, même s'il s'agit d'inconnus. Il en est une, pourtant, que je faillis apprendre, sur le coup, d'un cœur léger, mais la faute en est aux circonstances.

A la fin d'une rude journée de labeur, passée en perquisitions lointaines, par un froid d'hiver intense, je m'étais couché, anéanti de fatigue, en proie à une sournoise attaque de fièvre. Jamais, je n'avais eu si besoin de calme et de repos. Or, je n'avais pas fermé les yeux, que la sonnette d'entrée carillonna. J'allai ouvrir, la mort dans l'âme, tandis qu'une bourrasque de pluie et de vent faisait craquer les volets. C'était bien un agent qui était là, comme me l'avait fait présager la vigueur de son coup de sonnette. Il venait, évidemment, me requérir pour quelque expédition nocturne, par cette température glaciale de février, dont le souffle, vu mon état, pouvait m'être fatal. J'imaginai un crime à grand fracas, des blessés qu'il me faudrait courir entendre à

l'hôpital, des constatations interminables, ou, pire
encore, un incendie (il en éclatait si fréquemment
dans cet arrondissement d'usines et d'entrepôts!)
qui me tiendrait, debout jusqu'à l'aube, à gre-
lotter dans la boue, sous le jet multiplié des
pompes. Le supplice était certain. Il ne me restait
plus qu'à en connaître la nature. Je considérais
l'agent, comme le condamné considère le bour-
reau qui vient l'arracher au sommeil pour le
conduire à la guillotine, le cœur d'autant plus
chaviré que ledit agent s'était fait une tête d'en-
terrement et semblait hésiter à m'expliquer le
but de sa visite. La chose était donc si grave
qu'elle avait peine à sortir de sa gorge et y demeurait étranglée! Je ne savais pas que son
embarras provenait de ce qu'il était préoccupé
de me réciter une phrase, apprise par cœur de
son brigadier, dont il repêchait les termes au
fond de sa mémoire. Ce n'est qu'au bout d'un
instant (une éternité!) qu'il finit par accoucher
de cette formule : « Je suis chargé de vous faire
part de la perte douloureuse que vient de faire la
République française dans la personne de son
président, le vénéré M. Félix Faure. » C'est effectivement l'usage que le décès du chef de l'Etat
soit notifié officiellement à tous les chefs de service. Sa phrase déroulée non sans peine, mais,
avec la fidélité d'un rouleau de phonographe,
l'agent me fit le salut d'usage et se retira. Je
refermai la porte avec un soupir de soulagement.
La fatale nouvelle avait glissé sur moi. Je n'en

avais retenu qu'un point, c'est qu'il m'était loisible de me replonger sous mes couvertures. Une fausse alerte, quel bonheur! Et, à ma femme, dressée d'anxiété, qui m'interrogeait du fond de la ruelle, je répondis : « Calme-toi. Ce n'est rien ! » Évidemment, au prix de ce que j'attendais, toute autre adversité ne comptait guère. Ce n'est qu'au bout d'un instant que je sentis toute l'importance de cette mort et que j'accordai au défunt la pieuse pensée qu'un bon fonctionnaire doit à ses supérieurs hiérarchiques et, particulièrement, à son chef suprême. La personnalité de Félix Faure ne m'était pas antipathique. Je déplorais d'autant plus sa disparition soudaine, que j'appréhendais qu'elle ne fût le signal d'une véritable guerre civile. La France était, alors, divisée en deux camps par l'affaire Dreyfus. La cour de cassation venait de déclarer recevable la demande en révision de son procès. Les passions étaient surexcitées. C'était, avec les aveux et le suicide du colonel Henry, artisan principal de la condamnation, un coup terrible pour les adversaires de la révision, autant dire du régime. Le désarroi s'était mis dans leurs rangs. L'un des leurs, et non le moindre, le marquis de Kerohan, directeur du *Soleil*, cédant à ses scrupules d'honnête homme, venait de se détacher d'eux, en déclarant la révision nécessaire. Les meneurs de la campagne anti-parlementaire, Rochefort, Drumont, Paul de Cassagnac, Arthur Meyer, en sentaient la nécessité de redoubler de violences, et, pour achever de brouiller les cartes, représentaient la France vendue, pieds et poings liés, à l'Allemagne et aux Juifs. L'innocence de Dreyfus apparaissait, de jour en jour, plus évidente, mais il était juif, crime capital à leurs yeux. Il fallait replonger à tout prix au fond de son puits la Vérité qui faisait mine d'en sortir.

Quand le lieutenant colonel Picquart se fut convaincu de la culpabilité d'Esterhazy, il en avait avisé le général Gonse, alors ministre de la Guerre, qui lui avait répondu :

— Impossible de revenir sur cette affaire! Des généraux, Mercier, Saussier..... se trouveraient compromis. Ce serait un scandale épouvantable. Quel intérêt avez-vous à vous occuper de Dreyfus?

— Mais puisqu'il est innocent !

— Si vous n'en dites rien, personne ne le saura.

— Je n'emporterai pas ce secret dans la tombe.

Parole imprudente qui valut au lieutenant-colonel Picquart d'être déclaré traître à la patrie et écroué à la prison du Cherche-Midi, au régime du secret le plus absolu. Interdiction même de communiquer avec son défenseur. Cette mesure d'étouffoir ne suffisait pas à rassurer les agitateurs, qui en vinrent à ne plus envisager de salut que dans un coup de force militaire.

Je ne pensais pas que ce coup de force pût réussir. La faction était condamnée à l'échec. La victoire même lui eût été funeste. La faction s'en serait disloquée d'elle-même, tant elle se composait d'éléments disparates. Comment aurait-on pu voir pactiser, autrement que pour ébranler l'Etat et se préparer les voies, des hommes de convictions aussi opposées que Paul Déroulède, André Buffet, Arthur Meyer, Cassagnac.....? Il y avait là, avec Paul Déroulède, président de la ligue des patriotes, tous les débris du boulangisme : Marcel Habert, Galli, Le Menuet, Georges Thiébaut, demeurés, malgré tout, fidèles à l'étiquette républicaine. Comment, victorieux, auraient-ils pu s'entendre avec le bonapartiste Cassagnac, et avec M. André Buffet, directeur, à Paris, du bureau politique du duc d'Orléans? Il y avait, aussi, derrière Drumont, la bande des antisémites, mettant la question religieuse au-dessus des programmes politiques. Et il y avait Rochefort, qui ne pouvait se mouvoir que dans une atmosphère d'opposition, et qui se serait retourné contre eux à la première lueur de succès. Tous s'entendaient à merveille pour tailler, ils n'auraient pu recoudre de concert. Les grands seigneurs auraient repris leur morgue, qui s'étaient déguisés, pour enjôler le peuple, en rois des Halles, ou, plus exactement, en rois des Abattoirs. Le comte de Sabran-Pontévès avait installé son quartier général au XIXe arrondissement et frayait avec les tueurs de bœufs et les garçons d'échaudoir. Il y faisait distribuer gratuitement, dans les rues, son journal : *Le Clairon de la Villelle.* C'était aussi un boucher, M. Barillier, que la ligue des patriotes avait choisi pour porte-drapeau. Tout cela faisait encore plus de bruit que de vraie besogne, mais nous étions sur la pente du pire.

III

LE « COMPLOT »

Le jour même des funérailles de Félix Faure, alors que le général Roget, qui venait d'y assister rentrait à la caserne de Reuilly, à la tête de ses troupes, Paul Déroulède, suivi de son fidèle Marcel Habert, saisissait la bride de son cheval et le sommait de marcher sur l'Elysée, pour renverser la République parlementaire. Le général Roget n'eut garde de déférer à une mise en demeure aussi extravagante et continua sa route. Les deux séditieux le harcelèrent jusque dans la cour de la caserne, où ils furent arrêtés. Il s'en suivit un procès, terminé par un acquittement, preuve que l'égarement des esprits s'était introduit jusque dans la magistrature. Une autre preuve en était dans la démission bruyante du procureur général Quesnay de Beaurepaire, après l'arrêt de la Cour de cassation qu'il désapprouvait. En somme, le désordre était partout. Comme a dit Clemenceau : « En politique il n'y a pas de justice ! » Les adversaires en venaient aux mains sur la voie publique. Des bagarres éclataient à tous les carrefours. On s'assommait en plein boulevard. La police avait fort à faire. Il lui fallut, un soir, enlever d'assaut la brasserie de Maxeville (située dans l'immeuble de la *Libre Parole*) où les antisémites s'étaient réfugiés, après une bagarre. Le président Loubet, coupable à leurs yeux de s'incliner devant l'arrêt de la Cour de cassation, ne pouvait paraître en public sans être injurié et menacé. A sa première sortie officielle, à Longchamp, des énergumènes escaladant sa voiture, avaient aplati son chapeau à coups de canne, et, pour commémorer cet exploit chevaleresque, la mode s'était introduite chez les gens du monde, de porter en breloque un petit chapeau-bijou bosselé. Les conjurés se croyaient tout permis, mais ils allaient trouver à qui parler. Ils allaient se heurter à Puibaraud. Et Puibaraud sauvera le régime de l'agitation nationaliste, comme il l'avait déjà sauvé du péril anarchiste.

Ce Puibaraud n'avait pourtant rien, dans la mine, d'un foudre de guerre. Avec sa grosse moustache noire, sa calotte de cheveux blancs, et sa face ronde de marguillier, vous eussiez juré, à le voir, un bourgeois débonnaire, un paisible rond-de-cuir. Né à Lézat (Ariège) le 24 avril 1849, il avait gardé quelque chose du pli provincial, mais il cachait, sous son air rondouillard, une clairvoyance aiguisée et une volonté tendue.

C'était un vieux routier, il savait plus d'un tour

et l'on peut dire de lui qu'il avait fait de la ruse une vertu. Il était inspecteur général des services administratifs du ministère d el'Intérieur, en 1893, quand y vint s'installer M. Charles Dupuy, président du conseil.

L'année 1893, qui vit se dérouler le procès du Panama, marque, dans notre histoire, l'un des tournants les plus dangereux du régime parlementaire. La délation était à l'ordre du jour, l'émeute installée en permanence dans la rue. Au mois d'avril, après les condamnations de Charles de Lesseps, d'Eiffel et de l'ancien ministre Baïhaut, à la veille des élections législatives, le parti gouvernemental affolé, cherchait un sauveur. Il crut le trouver dans la personne de M. Charles Dupuy, autoritaire à poigne. On le nomma président du Conseil, ministre de l'Intérieur et, tout de suite, M. Dupuy donna sa mesure en faisant fermer la Bourse du travail, après les échaffourées du 1er mai. Je puis parler de cette journée en connaissance de cause puisque j'y fus mêlé. J'étais secrétaire de M. Dresch, commissaire de police au quartier de la Porte Saint-Martin. Nous avions reçu l'ordre de nous tenir en permanence à la caserne du Château-d'Eau. C'est devant moi que furent amenés les députés socialistes Baudin et Dumay, arrêtés aux abords de la Bourse du travail, pour excitation à la révolte, et c'est moi qui procédai à leur interrogatoire. M. Lozé, préfet de police, dont la devise était « Pas d'histoire! » ce qui est souvent la meilleure manière de s'en attirer, avait pris sur lui d'étouffer l'affaire et, d'un geste nerveux,

déchiré mon procès-verbal. Il croyait se mériter
les félicitations de Dupuy, mais ce dernier à qui
il enlevait ainsi le bénéfice de sa « journée » et
prétexte à représailles, entra dans une violente
colère, quand il lui fut rendu compte de l'incident. Dupuy voulait que l'affaire suivît son
cours, et voilà mon Lozé bien embarrassé. Il
nous fait appeler dans son cabinet, M. Dresch et
moi, et nous charge de rétablir le procès-verbal
supprimé, ce qui ne pouvait se faire sans inconvénient, puisque la signature des inculpés devait
figurer au bas de leur interrogatoire. D'où nécessité de les convoquer et de les entendre à nouveau. En dépit des suggestions de M. Lozé,
M. Dresch n'était pas homme à falsifier la date
de ses actes de procédure. Quarante-huit heures
s'étaient écoulées entre le premier et le second
interrogatoire. Ainsi se trahissait l'intervention
du Président du Conseil, qui n'avait plus licence,
pour se défendre des attaques socialistes, de
s'abriter derrière la libre décision des magistrats.
Son intervention, percée à jour, fit l'objet d'un
débat passionné, au cours d'une séance orageuse
à la Chambre. Dupuy sortit sauf, par miracle, de
la formidable interpellation de Jaurès, mais il en
sortit ébranlé, et d'autant plus aigri contre
M. Lozé qu'il ne pouvait le frapper, à ce sujet,
sans fournir de nouvelles armes à l'opposition.
Heureusement pour lui, les bagarres du quartier
latin, où l'étudiant Nüeger trouva la mort,
allaient lui permettre presque aussitôt, de sévir,

en toute impunité, contre son imprévoyant préfet. M. Dupuy estimait que la Préfecture de Police avait besoin d'une réorganisation complète et c'est pourquoi, après en avoir ôté M. Lozé, il y envoya M. Lépine, homme énergique et avisé. Il lui fallait des collaborateurs dévoués. Il ne tarda pas à jeter les yeux sur M. Puibaraud. Ce dernier lui avait, d'emblée, rendu un signalé service en aidant, par des machinations secrètes, Déroulède et Millevoye, à donner dans le panneau des faux papiers Norton. Millevoye avait fait état de ces faux papiers pour accuser, à la tribune de la Chambre, Clemenceau et d'autres parlementaires, de haute trahison. Déroulède l'avait appuyé et entamé une campagne à tout casser dans son journal la *Cocarde*. Dupuy, instruit par Puibaraud, les avait laissés s'enferrer jusqu'au bout, avant de leur démontrer qu'ils s'étaient fourvoyés. Couverts de confusion, Déroulède et Millevoye quittaient la Chambre en jetant à leurs collègues leur démission de députés. Dupuy voyait ainsi deux rudes adversaires écartés, pour un temps, de sa route, mais il en restait d'autres.

IV

LE PÉRIL ANARCHISTE

Ce qui inquiétait surtout Dupuy, c'était la propagande libertaire qui s'étalait au grand jour et
tenait les esprits dans un état de rébellion latent.

— Les socialistes et les fauteurs de coups d'état,
dit-il un jour à Puibaraud, je m'en charge! Je
sais par où les prendre, mais je m'avoue effrayé
par ce virus d'anarchie qui s'est introduit dans
l'organisme social où il exerce de sournois et ter-
ribles ravages. C'est ce virus, surtout, qu'il s'agit
d'éliminer. Il constitue à mes yeux le véritable
péril,

Dupuy n'avait pas tort de parler du péril anarchiste, péril dont on serait tenté de sourire
aujourd'hui. Il faut se reporter à l'époque pour
en mesurer l'étendue. En 1893, la vague de terreur qu'avaient déchaînée, deux ans plus tôt, les
exploits de Ravachol et de sa bande, était dis-
sipée. L'horreur qu'inspiraient aux gens tranquilles les propagandistes par le fait, s'atténuait
sous le renom de justiciers que leur prêtaient les
théoriciens de l'anarchie. A la faveur de nos divi-

sions intestines, la doctrine libertaire s'insinuait jusque dans les salons aristocratiques et les milieux bourgeois. C'était se donner brevet d'intellectuel que d'y voir la religion de l'avenir et d'y respirer « un parfum de floréal ». Tout le quartier latin chantait avec Laurent Tailhade :

> Vienne ton jour, Déesse aux yeux si beaux,
> Dans un matin vermeil de Salamine,
> Anarchie! o porteuse de flambeaux!

L'anarchie trouvait des avocats complaisants et des zélateurs jusque dans les grands quotidiens. Octave Mirbeau écrivait :

« L'anarchie c'est le développement de l'individu dans un sens normal et harmonique. On peut la définir d'un mot : l'utilisation spontanée de toutes les énergies humaines continuellement gaspillées par l'État, et je comprends pourquoi toute une jeunesse artiste et pensante, l'élite contemporaine, regarde impatiemment se lever cette aube attendue, où elle entrevoit non seulement un idéal de justice, mais un idéal de beauté ».

Le peuple, de son côté, impressionné par ce débordement de lyrisme, acclamait les propagandistes par le fait, comme des libérateurs. Il avait fini par ne plus s'émouvoir de leurs attentats. D'ailleurs, on lui représentait que ces attentats ne visaient que ses tyrans, les souverains, les chefs d'état, les satisfaits, les magistrats, les policiers. Et le peuple disait : « Que ces gens-là se débrouillent! Ça n'est pas notre affaire! » Le

peuple sera même tenté d'applaudir au geste de
Vaillant, jetant sa bombe en pleine Chambre des
députés, tant il se soucie peu des parlementaires,
et s'il arrivait qu'une bombe fût jetée à l'adresse
de la foule anonyme, comme celle d'Emile Henry
au café *Terminus* de la gare Saint-Lazare, la
foule anonyme était gardée sur la pente de
l'indignation par le mot de Laurent Tailhade :
« Qu'importe la mort de vagues humanités, si le
geste est beau? »

Le pire, c'est que les vulgaires malfaiteurs, les
criminels de droit commun, n'avaient qu'à se
réclamer de la doctrine anarchiste, pour se donner figure de héros et d'apôtres. Un trait de
l'aberration commune s'en trouve dans le *Journal*
de Jules Renard, qui nous montre une dame de
ses amies, désolée d'ignorer le petit nom de
Ravachol. C'est qu'apparemment l'image de
Ravachol, depuis qu'il avait cessé de nuire,
hantait voluptueusement ses nuits. Et cette
aberration s'était développée au point qu'il
venait de se fonder un parti « d'anarchistes
chrétiens ».

Tel était l'état des esprits en 1893, à l'avène-
ment de M. Charles Dupuy, et c'est ce qui poussait
M. Puibaraud à répondre à ses objurgations :

— Je m'engage à vous délivrer du péril anarchiste, si vous me faites voter des lois en conséquence. Je m'y déclare impuissant avec la légis-
lation actuelle. A quoi nous sert d'arrêter les
libertaires, au cours d'une émeute, puisqu'ils

s'en tirent avec une condamnation bénigne pour port d'arme prohibée ou refus de circuler? La belle affaire! A quoi nous sert d'interdire leurs réunions, puisqu'ils jouissent, comme le commun des mortels, chez nous, du droit d'association? Comment faire cesser leur propagande, tant que vous n'aurez pas modifié la loi sur la presse et restreint ses libertés? Même alors, il restera aux libertaires les tréteaux de la Cour d'assises, pour y étaler complaisamment leurs théories en public, que les journaux reproduisent à des milliers d'exemplaires. Supprimez la publicité des débats. Il faut mettre les anarchistes hors la loi et revenir, pour eux, au délit d'opinion.

— C'est mon avis, confessait l'Excellence, mais trouverais-je jamais, à la Chambre, une majorité pour y consentir? Je vois déjà Jaurès, tonnant à la tribune, m'opposer les garanties de la liberté individuelle, la déclaration des Droits de l'homme, les immortels principes do 1789, un tas de grands mots vides avec lesquels on pipe la foule, un tas de billevesées avec lesquels il est impossible de gouverner.

Et tous deux étaient tombés d'accord qu'il n'y avait de salut possible que dans le vote de lois d'exception et qu'il fallait s'employer à y décider les parlementaires.

Pour être plus à même de pulvériser l'anarchie, M. Puibaraud rêvait d'être à la Préfecture de Police le collaborateur de M. Lépine. Il n'y avait pourtant pas d'hommes plus dissemblables, et moins enclins à sympathiser. Le premier, franc, sec et net, le second, papelard, cauteleux et retors. M. Lépine allait de l'avant. Puibaraud ne hasardait pas un geste qui ne fût calculé. L'un fondait droit sur l'obstacle, l'autre le minait en dessous. Tous deux étaient de rudes jouteurs, mais l'arme favorite de Puibaraud, c'était la chausse-trape. La première fois qu'il s'ouvrit de son désir au ministre, ce dernier lui opposa cette diversité d'humeurs.

— Pensez-vous que M. Lépine puisse accepter cette combinaison?

— Si nos humeurs sont différentes, répondit Puibaraud, elles concourent au même but. La fin seule est, ici, à envisager. Je n'entends nullement m'immiscer dans les prérogatives de M. Lépine. Nous collaborerons côte à côte, chacun dans notre sphère. Il y a, là-bas, quatre brigades, les brigades de recherches, dont j'assumerais volontiers la direction.

— Mais ces brigades font partie de la police municipale.

— ... que M. Lépine est en voie de réorganiser. Je sais que, dans son esprit, le chef actuel de la police municipale, M. Gaillot, est sacrifié. M. Lépine ne verra donc aucun inconvénient à réduire, dès maintenant, ses pouvoirs. Au reste, vous êtes le chef du Gouvernement, la décision suprême vous appartient.

Je ne sais quel fut l'avis de M. Lépine, ni même

s'il fut consulté, ce que je sais c'est que, quelques semaines après cet entretien, M. Puibaraud s'installait, comme directeur général des recherches à la caserne de la Cité. Seulement, ce n'était pas M. Dupuy qui l'y envoyait, c'était M. Raynal, son successeur à l'Intérieur, car à cette époque troublée, les ministères tombaient comme des châteaux de cartes. Son ministère avait été renversé le 25 novembre 1893, M. Dupuy devait revenir sur l'eau, comme président du Conseil, six mois plus tard, et ce qui prouve qu'il n'avait pas perdu tout crédit, c'est que le jour même où il était renversé pour céder la place à Casimir Périer, il prenait possession du fauteuil présidentiel de ce dernier, à la Chambre des députés.

M. Dupuy présidait les débats, le 9 novembre 1893, lorsque Vaillant jeta sa bombe. Il y eut plusieurs blessés, mais peu grièvement. M. Dupuy fit preuve, ce jour-là, d'un sang-froid extraordinaire, en s'écriant, sitôt le premier mouvement de stupeur passé : « La séance continue! »

Quand on vantait le sang-froid de Dupuy devant le compagnon Charles Jacot, ce dernier disait, en se tordant de rire « Ah! la bravoure de Dupuy!... Elle ne lui coûtait pas cher!... Il savait mieux que personne que l'engin était inoffensif. »

Et Jacot contait à qui voulait l'entendre que la bombe Vaillant était un coup monté par la police, avec la complicité de Dupuy :

— Parfaitement! disait-il, je suis au courant.

Je connais les dessous de l'affaire. Vaillant, lui, y est allé franc jeu, bon argent, mais on l'a manœuvré. On le savait décidé à risquer sa vie pour l'Idée. Il avait disparu. On le cherchait. C'est l'un de ses anciens camarades, le nommé R.. dit Georges, qu'on avait fait sortir exprès de prison, qui finit par le dénicher à Choisy-le-Roy, (octobre 1893), en filant sa maîtresse, la dame Maréchal. Il en avise son chef de file, le sieur M... soi-disant agent d'assurances et publiciste, mais en réalité, agent de police. Sur le rapport de M..., un fonctionnaire est envoyé à Vaillant, qu'il trouve dans une profonde misère. Il se donne à lui comme anarchiste-cambrioleur, prêt à subvenir aux besoins du parti. Il lui remet cinq louis, ce qui permet à Vaillant de se dépêtrer de son *garno* et de venir louer une chambre à Paris. C'est dans cette chambre qu'il confectionne sa bombe. Georges lui en avait fourni les éléments. Ces éléments provenaient du laboratoire municipal. C'est pour cela que la boîte à clous de Vaillant a fait si peu de dégâts. Le laboratoire municipal avait pris ses précautions. Et, d'ailleurs, Georges ne fut jamais inquiété. Le jour même, il était allé se reconstituer prisonnier, pour, en cas de dénonciation, se ménager un *alibi*, mais Vaillant n'était pas homme à dénoncer quelqu'un » [1].

1. Jacot racontait bien d'autres choses. Il prétendait que Ravachol et sa bande avaient été armés de leur redoutable dynamite par un agent de la troisième brigade, alors sous les ordres

Je laisse à Jacot la responsabilité de ses propos, et j'avoue, bien que l'administration ait paru s'en émouvoir, puisqu'il fut, à ce moment, je ne sais sous quel prétexte, coffré à la Santé d'où il ne fut libéré que le 10 janvier 1894 (jour même de la condamnation de Vaillant à la peine de mort), qu'il est permis de n'y point croire, mais il faut reconnaître que jamais bombe plus anodine n'était intervenue plus à propos. Le lendemain, le gouvernement pouvait faire voter des restrictions au droit d'association. C'était un minimum de satisfaction pour Puibaraud. Ce n'est qu'après l'assassinat de Carnot qu'il se verra armé de la loi du 28 juillet 1894, rétablissant le délit d'opinion. Encore cette loi ne fut-elle votée par le Parlement qu'avec répugnance, tant elle était en contradiction avec l'idéal républicain. Le parti socialiste montrait qu'il désap-

de l'officier de paix Fédée. Cet agent, un nommé Laux, aurait révélé à Fougoux (une casserole à son service) l'existence d'un dépôt de cent cartouches de dynamite dans une carrière de pierres meulières en exploitation à Epinay-sur-Orge et les moyens de s'en emparer. Fougoux appartenait au groupe libertaire de Saint-Denis, dont faisaient partie Ravachol et Simon Il leur glisse le « tuyau » dans l'oreille. La nuit suivante, Ravachol et Simon, allaient, au lieu dit, se saisir des cartouches. Jacot accusait encore la police politique d'avoir fait suggérer à Henry, l'idée de jeter sa bombe au *Café Terminus* pour prouver à la foule qu'elle était aussi exposée que les magistrats aux attentats anarchistes. Il allait même jusqu'à menacer de faire des révélations sur l'assassinat de Carnot. C'est alors qu'on vous l'interna à Bicêtre, d'où il se plaignait de ne pouvoir sortir, en dépit de l'attestation favorable des médecins. Il se disait persécuté par la police, depuis qu'il avait refusé de lui servir d'indicateur. Il se défendait comme il pouvait. Et il est vrai qu'il avait réussi à faire annuler par la Cour de cassation (25 septembre 1893-28 août 1897) deux jugements de relégation prononcés contre lui.

prouvait cet arsenal de lois de circonstance, en les traitant de « lois scélérates ».

N'importe, Puibaraud pouvait se croire désormais les mains libres. Il se mit à traquer tout ce qui était suspect d'anarchie avec une rigueur impitoyable et à déférer, pêle-mêle, aux tribunaux tout ce qui lui tombait sous la main. On n'a pas oublié le procès des *Trente*, qui fut suivi d'un acquittement presque général. En dépit de leur bonne volonté, les juges n'avaient pu relever contre la plupart des inculpés aucune ombre de délit, mais la terreur était jetée chez les compagnons et les obligeait à se terrer. Et, pour achever son ouvrage, Puibaraud entreprit de déchaîner la frousse aussi chez les bourgeois. On ne pouvait plus faire un pas dans Paris sans rencontrer, sur son chemin, des boîtes à sardines, munies de poudre verte. Les concierges en trouvaient le matin, déposées devant leur loge, dans les escaliers, dans leur *poubelle*, qui auraient été bien en peine d'éclater, mais dont la vue suffisait pour affoler les locataires, et ces bombes, portées avec précaution au laboratoire municipal, étaient déclarées le lendemain, dans les journaux, extrêmement dangereuses. Il y en avait qui éclataient, mais dans des endroits où elles étaient sûres de ne blesser personne, un urinoir écarté, une impasse déserte. L'émoi du public n'en était pas moins vif. Et comme pour punir Tailhade de son mot sur la beauté du Geste, une bombe lui éclatait en plein visage, un soir qu'il dînait chez Foyot (avril 1894). La foule voulait bien applaudir en spectatrice aux exploits des propagandistes par le fait, mais, du moment qu'elle y risquait sa peau, elle était la première à demander que l'on fît cesser le jeu. Il ne faisait plus bon se donner pour libertaire en 1894. On se serait cru revenu aux plus beaux jours de la panique de 1891. J'en reçus confirmation, dans mon poste d'officier de paix, au XIXe arrondissement. Deux de mes agents avaient peine, un soir, à traîner au poste un malandrin pris de boisson, arrêté pour scandale et outrages dans un bal-musette de la rue de Flandre. Le malandrin, fourni de muscles, se débattait. Le public, à son accoutumé, manifestait contre les agents et voulait leur arracher leur proie des mains : « Pourquoi est-ce qu'on l'arrête, cet homme? » Il suffit qu'une voix criât : « C'est un *anarcho!* » pour qu'immédiatement la foule tournât sa fureur contre lui. C'est à le protéger que les agents durent, dès lors, s'employer, sans quoi la foule vous l'eût assommé séance tenante, sans autre forme de procès.

Ce revirement d'opinion était l'œuvre de Puibaraud, qui n'épargnait rien pour arriver à ses fins. Voici, d'ailleurs, une anecdote qui achèvera de vous édifier sur la nature de ses procédés.

V

LES MALICES DE M. PUIBARAUD

Un jeune commissaire de police venait d'être promu dans un quartier pauvre. Sans ressources personnelles, chargé de famille, il avait dû, pour fournir aux frais de sa nouvelle installation, emprunter une petite somme et souscrire un billet, dont l'échéance prochaine lui donnait quelque inquiétude. Il voit, un matin, entrer dans son bureau, André, le lieutenant de Puibaraud, qui se prétend amené par le seul hasard :

— Je passais devant le commissariat. Je n'ai pu résister à la tentation de monter vous serrer la main.

Le commissaire, flatté de l'attention, se confond en remerciements. On parle de la pluie et du beau temps. Tout à coup, André, après avoir inspecté la détresse des lieux d'un regard circulaire, et comme pris d'une inspiration subite, dit à son jeune collègue :

— Avouez, cher ami, qu'un homme de votre valeur n'est guère à sa place dans un quartier aussi disgracié. Vous méritez mieux. C'est mon opinion, et c'est l'opinion de M. Puibaraud, qui me disait, hier encore.....

— M. Puibaraud? interrompait le nouveau promu, frais émoulu de la police municipale, mais je ne le connais pas. Je n'ai jamais eu affaire à lui.

— Qu'importe? Croyez-vous qu'il se désintéresse des bons sujets? Lui vous connaît. Soyez sûr qu'il est tout disposé à vous prêter son appui pour un poste plus lucratif. Pourquoi, en attendant une vacance profitable, ne solliciteriez-vous pas des missions payées : contrôle des pharmacies, descentes de tripots, saisies de contrefaçons artistisques.....? Je vous vois même suppléant du ministère public au tribunal de simple police. La vie est dure, mon cher, c'est ça qui mettrait du beurre dans vos épinards. On peut tout espérer, quand on a Puibaraud pour soi. Vous devriez aller le voir.

— Son omnipotence m'effraye, et j'aime si peu me présenter en solliciteur! Je m'avoue absolument dénué d'entregent. Je craindrais de détruire par une maladresse la bonne opinion que vous me dites qu'il a de moi.

— Rien à craindre de ce côté. Il est trop prévenu en votre faveur. La chaleur de son accueil vous aura vite rassuré. D'ailleurs, je serai là. Venez me prendre un jour à mon cabinet, voisin du sien. Je vous présenterai.

— J'y penserai.

— Le plus tôt sera le mieux. Il faut battre le fer quand il est chaud. Pourquoi ne prendrions-nous pas rendez-vous dès aujourd'hui..... demain par exemple? Venez me prendre à trois heures. C'est l'heure où M. Puibaraud est le plus accessible. La consigne sera donnée à l'huissier. Vous n'aurez pas à faire antichambre.

Le lendemain, à l'heure dite, le jeune magistrat, flanqué d'André, était reçu à bras ouverts par un Puibaraud souriant :

— Je suis heureux de vous voir, mon cher commissaire. Vous êtes de ceux dont l'administration s'honore.

Et comme le visiteur croyait devoir protester du geste, par modestie, Puibaraud insistait :

— Si, si! je parle sérieusement. Ah! si tous vos collègues vous ressemblaient, je serais moins embarrassé lorsqu'il s'agit de les charger d'une mission de confiance. Un tas d'esprits étroits, tâtillons, mesquins! les uns sans initiative, les autres sans tact! Comme je m'applaudirais, si je pouvais compter sur votre concours.

— Il vous est tout acquis, fit le commissaire, étourdi par cette bouffée d'encens.

— A la bonne heure! Précisément l'occasion de faire appel à vos talents se présente plus tôt que je ne l'aurais pensé. Je viens de recevoir avis qu'un meeting anarchiste se tiendra, demain soir, à Courbevoie. Il m'en faudrait un compte rendu exact. Je n'y puis envoyer André, ni le commissaire de la circonscription, qui se dénonceraient par leur seule présence, car j'entends que la surveillance soit occulte. Nouvellement promu, vous y passerez plus facilement inaperçu. Les libertaires n'ont pas eu le temps de se faire à votre visage. Rien à craindre pour votre sécurité. Mes agents seront là, en nombre, disséminés dans l'assistance, prêts à vous protéger, en cas de besoin, sous la direction d'un brigadier qui se fera connaître de vous.

Le commissaire prit l'offre pour un ordre. Il accepta la mission d'un cœur d'autant plus dispos que Puibaraud ajouta :

— Vous aurez des frais de déplacement. Je ne lésine jamais en cette matière. Je paye, comme j'entends être servi. Je dirais « royalement » si je ne craignais d'user d'un mot subversif (ici, un petit sourire, destiné à rompre ce qui pouvait rester de glace dans l'air) puisque nous sommes en République. Vous me fournirez votre note. Voici, en attendant, de quoi parer aux premières nécessités.

Et Puibaraud tendait un billet de cent francs au commissaire, qui ne put s'empêcher de murmurer :

— C'est trop !

— Comment, c'est trop ? j'espère bien qu'il en restera autant à vous revenir. Ah ! ça ! quelle idée croyez-vous donc que je me fasse des commissaires de police ? Je n'oublie pas qu'ils ont à soutenir leur rang. Je ne vous vois point trotter, à pied, sur la route de Paris à Courbevoie ni même courir après le tramway. Il vous faut une voiture. Vous serez, sans doute, obligé de dîner dehors. Je ne vous vois point, non plus, attablé dans une gargote avec des terrassiers. Il se peut que des amis vous accompagnent. Vous les traiterez en conséquence. Je ne parle pas de votre personnel. Si vous jugez bon de l'emmener, la quote-part de chacun me revient. Au reste, vous disposerez de cette première somme comme vous l'entendrez. Souvenez-vous que ce n'est qu'une avance, qu'il en sera de même chaque fois que je vous chargerai d'une mission, et je compte vous en confier souvent.

Le commissaire prit le billet et partit enchanté. C'était précisément la petite somme dont il était en peine et sur laquelle, il n'aurait pas même à prélever le prix d'un voyage en tramway, Paris-Courbevoie, aller et retour, puisqu'il disposait d'une carte de circulation. Sa vanité était encore toute chatouillée des compliments de Puibaraud. Hélas! il ne savait pas que si Puibaraud s'était adressé à lui, c'était en désespoir de cause, et parce que tous ses collègues, antérieurement pressentis, avaient décliné la mission en disant : « Nous voulons bien assister au *meeting* anarchiste, mais en magistrats, c'est-à-dire ouvertement, comme la loi nous y oblige, ceints de l'écharpe et sur l'estrade. Nous refusons d'y assister en mouchards. » Puibaraud avait escompté l'inexpérience et la timidité du nouveau venu et c'est parce qu'il n'ignorait pas l'histoire de la traite — ce roué d'homme était renseigné sur tout — qu'il avait fait montre, à son égard, d'une exceptionnelle générosité. Cela est déjà bien retors, mais, attendez, car ce n'est pas le plus beau de l'histoire.

Le commissaire assista à la réunion, comme il l'avait promis. Cette réunion avait lieu un samedi soir, et comme le lendemain dimanche, selon le service d'alternat, se trouvait jour de congé pour le commissaire, il avait été convenu qu'un agent de Puibaraud viendrait chercher son procès-verbal, à domicile. L'agent vint, en effet, à la première heure et lui dit :

— M. le Directeur a pensé que, peut-être, vous n'auriez pas eu le temps d'établir votre procès-verbal, ou que, mal instruit des milieux anarchistes, la mémoire pourrait vous faire défaut en ce qui concerne le nom des nombreux orateurs. C'est pourquoi il a fait rédiger, sur le rapport du brigadier qui assistait à la séance, le procès-verbal que je vous apporte et sur lequel il vous suffira d'apposer votre signature.

Le commissaire y jette les yeux et s'étonne d'y lire un compte rendu de la séance absolument falsifié. Tous les orateurs y étaient signalés comme ayant tenu des propos incendiaires. Or, jamais discours n'avaient été plus anodins.

C'était peu de temps après le vote des lois, dites « scélérates ». Les compagnons, méfiants, s'étaient tenus sur la réserve, ce qui n'empêchait pas Puibaraud de vouloir, armé du dit procès-verbal, les faire tous poursuivre et condamner en bloc.

— Je ne puis signer cela, dit le commissaire, qui se souciait peu d'aller, au tribunal, authenti-fier un faux, sous la foi du serment.

Et il remit au messager le procès-verbal qu'il avait rédigé la veille, en rentrant chez lui. Depuis il n'entendit plus parler de Puibaraud, auquel il s'abstint même de faire parvenir sa note de frais. Il s'était aperçu que le rusé bonhomme lui avait tout simplement tendu un piège, et n'avait eu d'autre but, en faisant luire à ses yeux des pers-pectives dorées, que d'acheter sa conscience.

______

LE FORT-CHABROL

C'est avec de pareilles malices que Puibaraud était venu à bout de l'anarchie. C'est avec de pareilles malices qu'il viendra à bout de l'agitation nationaliste.

Le geste de Déroulède à la caserne de Reuilly devait inciter le gouvernement à prendre des mesures sévères, mais le gouvernement n'était pas sûr de l'opinion. Il venait d'être désavoué même par ses magistrats, qui, refusant de prendre au sérieux le geste de Déroulède, l'avaient acquitté. Pourtant, des perquisitions faites à ce moment avaient prouvé l'organisation d'un véritable complot contre la sûreté de l'Etat. Une nouvelle instruction avait été confiée à un magistrat intègre et de haute conscience : M. le juge Fabre, et le conseil des ministres songeait à déférer les conjurés devant le Sénat, constitué en haute cour de justice. Mais les sénateurs n'allaient-ils pas se laisser impressionner par les criailleries de la foule? La foule chauvine continuait à acclamer Déroulède, l'apôtre de la revanche. Il fallait ramener les esprits égarés à la raison, créer une atmosphère favorable aux poursuites, afin que la décision de la Haute-Cour, fût rendue en toute indépendance et pût se produire en pleine autorité. Puibaraud s'y emploiera en déclenchant l'affaire du Fort-Chabrol, dont Jules Guérin fut le héros.

Ce Jules Guérin passait pour une « casserole », C'était l'avis de Mr Pajot, commissaire de police du quartier du Combat, qui, lorsque j'étais officier de paix du XIXe arrondissement, m'avait confidentiellement mis en garde contre un excès de répression à son encontre, car ce Jules Guérin était un agitateur forcené que je trouvais mêlé à toutes les manifestations de voie publique. Son éloquence acide jetait le trouble dans les réunions. Hâbleur et fanfaron, il offrait, sous son chapeau de feutre mou, l'image d'un Tartarin hargneux. Il avait fondé la ligue anti-sémite et s'était institué Maître du *grand Occident de France*, machine de guerre dressée contre le *grand Orient* maçonnique. Son journal l'*Anti-Juif* déversait, périodiquement, un flot de bile sur les institutions.

Le 12 août 1899, après la constitution du Sénat en Haute-cour, sachant qu'un mandat d'arrestation était lancé contre lui, Jules Guérin se barricadait, au siège de sa ligue, un pavillon, sis 51 rue Chabrol, en déclarant qu'il ne céderait qu'à la force. Il s'y était barricadé avec une poignée de partisans. Il y avait entassé tout ce qu'il avait pu ramasser de pistolets, de fusils de chasse, de masses d'armes, et même de bassines, destinées, en cas d'escalade, comme dans les sièges antiques, à verser de l'huile bouillante sur les assaillants. Seules, les âmes simples pouvaient se laisser impressionner par cette théâtrale mise en scène, cette colossale provision d'artillerie, mais les âmes simples sont légion. Pour les autres, la farce se trahissait. Guérin lui-même contribuait à les édifier, en mêlant le burlesque au tragique de ses rodomontades C'est ainsi qu'il avait pendu à l'une des fenêtres de la maison dénommée depuis : Fort-Chabrol, un singe empaillé avec cet écriteau : « L'immonde Reinach. » Le député Reinach était sa bête noire. Il le vouait à l'exécration comme juif et comme l'un des plus déterminés partisans de la révision.

Jules Guérin ne s'en était pas moins mis aux yeux de la loi en état de rébellion ouverte. La rumeur fut grande dans Paris. Une foule énorme venait chaque matin contempler la citadelle, espérant qu'on lui donnerait assaut. Le gouvernement n'en faisait rien. C'est, pensait-on, qu'il préfère, pour éviter l'effusion du sang, amener les conjurés à reddition par la famine. Et de bonnes âmes compatissantes s'ingéniaient à leur faire parvenir des victuailles, qu'elles jetaient en passant, sur le toit de l'immeuble, élevé d'un seul étage, du haut des impériales d'omnibus. C'était une pluie incessante de jambonneaux et de saucissons, qui souvent, faute d'élan suffisant, roulaient sur la chaussée, où les agents les ramas-

saient, ce qui donnait lieu à tant de scènes comiques, que la police, au bout de douze jours, se
décida à interdire complètement la circulation
sur ce point de la rue Chabrol.

Il était temps. Le drame risquait de dégénérer
en bouffonnerie, et l'inquiétude que le gouvernement voulait jeter dans les esprits d'être
emportée dans un immense éclat de rire. Désormais, le Fort-Chabrol, isolé, pouvait être considéré de loin par les curieux, derrière de noirs
barrages d'agents, comme une menace et un
danger. Le bourgeois est né frondeur. Il chansonne volontiers l'autorité, le verre en main et
le ventre à table, mais il s'alarme dès qu'il
entend un bruit de casse et de barricades. Il fallait que le Fort-Chabrol rendît à ses oreilles une
clameur de tocsin, un branle-bas de révolution.

Personne ne pouvait plus approcher des insurgés. Seul, un vieil ecclésiastique, le vénérable
curé de Saint-Vincent-de-Paul, était autorisé à
leur rendre visite, chaque jour, pour leur porter
le secours et les consolations de la religion. Or,
un matin où j'étais de service au Fort-Chabrol
(un roulement de service avait été établi entre
tous les commissaires de police à cet effet) le
brave homme vint, à la première heure, me trouver, tout alarmé. Depuis la veille au soir, il avait
en vain frappé à la porte du Fort, sans recevoir
de réponse. « J'en suis d'autant plus inquiet, me
dit-il, qu'à ma dernière visite, j'avais trouvé
Guérin et ses compagnons fort déprimés (le

siège durait depuis un mois) réduits à la famine et résolus à se détruire. J'avais été frappé de la ferveur émue, avec laquelle ils avaient reçu, à mon départ, ma bénédiction. Nul doute qu'ils ne l'aient considérée comme une bénédiction suprême. Leur silence me fait craindre qu'ils n'aient mis leur fatal projet à résolution. »

J'accompagnai le vieillard jusqu'au seuil du Fort. Maison close. Volets fermés. Nous y prêtâmes l'oreille sans percevoir le moindre bruit, et comme nous nous reculions pour en saisir une vue d'ensemble, M. le Curé s'écria tout à coup :

— Voyez, si je n'avais pas raison ! Ils ont hissé le drapeau noir !

Le drapeau noir flottait sur la toiture. L'officier de paix de service, M. Jean se trouvait sur les lieux. Nous revînmes carillonner à la porte, cogner à coups de canne dans les volets. Toujours rien, ni personne. Si peu vraisemblable que me parût le suicide, étant donné ce que je savais du caractère de Guérin, trop dénué de convictions sincères pour y sacrifier sa vie, il fallait bien me rendre à l'évidence. Un mystère était là. Je fis immédiatement télégraphier du poste central à la Préfecture de Police, pour l'aviser des alarmes du Curé. Je pensais que mon télégramme allait y jeter l'émoi, que j'allais voir fondre sur moi, dare-dare, tout son état-major au grand complet. Va-t-en voir s'ils viennent, Jean ! Mon télégramme expédié à 8 heures du matin, n'avait, à trois heures de relevée, reçu aucune réponse. A cette heure-là, j'aperçus de loin M. Puibaraud, accomplissant d'un pas tranquille sa tournée d'inspection quotidienne. Je me précipitai à sa rencontre. Il ne pouvait ignorer mon télégramme, mais à peine y avais-je fait allusion, qu'il m'interrompait pour me dire, sans dévier de sa route :

— Mais non! mais non! Personne n'est mort. Tout le monde se porte bien.

Comment le savait-il? Fallait-il donc, comme je me l'étais laissé dire, sans vouloir y ajouter foi, qu'un fil secret reliât les assiégés à son cabinet?

Effectivement, ils n'étaient pas morts, puisque quelques instants après, revenu devant la porte du Fort, où je m'entretenais avec des *reporters*, j'en vis le judas treillagé s'ouvrir et paraître Jules Guérin. Il jouait la fureur, un revolver à la main. « Allez-vous-en, me cria-t-il! je ne veux être gardé que par des soldats! »

Jules Guérin me connaissait. Nous avions eu assez souvent l'occasion de nous dévisager et même de nous prendre de bec, à la sortie des réunions de la Salle Favier et des préaux d'école du XIX⁰ arrondissement. Je ne me souciais guère de ses menaces. Je savais qu'elles ne s'adressaient qu'à la galerie, et comme, tout en écartant les *reporters*, je persistais à demeurer devant lui, il me tira un coup de son arme, en ayant bien soin de viser ailleurs pour ne pas m'atteindre, et il disparut.

En somme, l'affaire du Fort-Chabrol ne produisait pas l'effet de terreur escompté. On imagina alors de la corser, en agitant aux yeux des bourgeois le spectre rouge. Guérin s'était soulevé pour la croisade anti-sémite, ce qui lui valait les sympathies catholiques et les bénédictions du Clergé. On allait fomenter une protestation athée, et l'on poussera une bande d'énergumènes à semer la panique dans les rues, en se livrant au pillage et à l'incendie de l'Église Saint-Joseph.

Cette fois, la bourgeoisie prit peur. L'équipée du Fort-Chabrol recevait à ses yeux, de cette riposte sacrilège, un caractère d'inquiétante gravité. Il n'y avait plus lieu de la prolonger. On la fit cesser. Toute la garnison se hâta de se rendre, avec armes et bagages, sitôt que l'on eut esquissé contre elle un semblant d'assaut. La Comédie avait duré exactement quarante et un jours. La foule, lasse d'émotions violentes, aspirait au retour de l'ordre. Le lendemain même de la reddition du Fort-Chabrol, la nouvelle de la grâce de Dreyfus pouvait circuler dans Paris, sans y provoquer de bagarres, et le procès de la Haute Cour allait se dérouler, dans un calme relatif, sans avoir à redouter autre chose que des batailles de plumes dans les journaux.

Puibaraud pouvait se frotter les mains et congédier les plus turbulentes de ses casseroles. Il avait, encore une fois, sauvé la situation.

Le scrupule n'était pas son faible. C'est parce qu'il en rencontrait trop chez les commissaires de quartiers, et pour s'en affranchir, qu'il avait fait nommer commissaires de police les chefs de ses brigades, qui n'avaient que le titre d'officiers de paix. Ses procédés d'espionnage et de police provocatrice nous l'avaient rendu insupportable. Il s'irritait de nous voir lui opposer tant de sourdes et même ouvertes résistances. Ses démêlés avec le chef de la Sûreté, Cochefert, sont restés légendaires. Cochefert était un homme probe, qui avait le souci de la légalité et ne transigeait jamais avec sa conscience. Puibaraud, ne pouvant le mettre dans sa poche, car Cochefert avait bec et ongles, entreprit de démolir son service. Il créa, à cet effet, la *brigade mobile*. Cette brigade destinée en principe à nettoyer la voie publique par des battues continuelles, devait bientôt devenir, entre ses mains, un instrument de surveillance occulte et d'inquisition. C'était confisquer tous les pouvoirs de Cochefert, lui enlever toute initiative et le réduire à l'impuissance. Cochefert préféra résigner ses fonctions [1]. Il reçut en compensation, car il n'avait pas démérité aux yeux de M. Lépine, un poste dont M. Puibaraud ne pouvait tirer ombrage, tant on en avait amoindri les attributions, celui de Contrôleur-Général. A la tête de la brigade mobile, Puibaraud avait placé un homme qui eût été excellent, s'il n'avait été perdu de dettes. C'était sa manie de s'entourer d'hommes tarés, pour les tenir mieux à sa discrétion, sous la menace d'une

---

1. C'est avec le même système de persécutions sournoises que M. Puibaraud s'était précédemment débarrassé de M. Goron dont la popularité l'obligeait à trop de ménagements.

disgrâce ou d'une révocation. Il tablait sur les vices d'un chacun. Il entendait gouverner les hommes par leurs passions. Son espionnage s'étendait, au dehors, à toutes les classes de la société. Il avait rétabli, à son profit, le Cabinet noir. Il disposait, dans tout Paris, de bureaux de poste restante privée, dont les tenanciers soudoyés lui livraient le secret des correspondances. M. Lépine, dont il se méfiait, mais à qui ces pratiques ne pouvaient manquer de revenir, ne cachait pas son aversion. Il lui arrivait, parfois, de montrer les dents. Il éclatait entre eux de si fréquents dissentiments que l'écho s'en était ébruité jusque dans la Presse. Les journaux allèrent jusqu'à parler, un jour, d'un véritable pugilat qui avait mis les deux adversaires aux prises, dans les couloirs de la Préfecture. Les journaux exagéraient sans doute, mais, comme dit l'autre, il n'y a pas de fumée sans feu. M. Puibaraud lui était imposé. M. Lépine devait bien se résigner à le souffrir. Il y gagnait de pouvoir se désintéresser des sales besognes, où sa popularité eût sombré. La popularité, ce n'était pas le lot de M. Puibaraud. On eût dit qu'il prenait plaisir à soulever les colères contre lui et à s'aliéner l'opinion. Il avait mis, un moment, Paris en état de siège. On se souvient de ses rafles-monstres, la nuit, dans les cafés du boulevard, où les citoyens, coupables du seul fait de n'être pas rentrés chez eux à une heure du matin, se voyaient brutalement interpellés et forcés de décliner leur

identité. On se souvient de ses barrages d'agents,
dans les rues, chargés de fouiller les passants,
pour s'assurer s'ils ne portaient pas d'armes sur
eux. L'intention pouvait être excellente, mais il
y a la manière, et la sienne, ou du moins celle de
ses agents, laissait fort à désirer. Cela se comprend. La brigade mobile, employée à ces râfles,
avait été prélevée sur l'ensemble des autres brigades. On avait exigé de chaque chef de service
un certain nombre d'agents. Naturellement, chaque chef de service en avait profité pour se
débarrasser de ses non-valeurs.

Les agents de Puibaraud étaient mal vus des
autres, qui s'amusaient à leur jouer de vilains
tours. En 1900, à l'apogée de la *Patrie française*,
eut lieu, salle des agriculteurs, une réunion où
Syveton, Lazies, Jules Lemaître, et tous les
nationalistes de marque devaient prendre la
parole. Puibaraud y avait délégué une soixan-
taine d'inspecteurs. Ces inspecteurs, massés par
petits groupes, se tenaient aux abords de la salle,
lorsqu'un peu avant la fin de la réunion, à onze
heures du soir, une compagnie des brigades de
réserve vint se placer devant la porte par où
devait s'écouler le flot des assistants. L'officier
de paix Lebon, qui avait devoir de déblayer la
voie publique, feint de prendre les agents de
Puibaraud pour des manifestants et donne l'ordre
à ses hommes de les charger. Ses hommes s'ac-
quittèrent d'autant plus vigoureusement de la
tâche, qu'ils n'ignoraient pas plus que leur chef

à qui ils avaient affaire. Jamais, ils n'avaient pris tant de plaisir à se faire la main sur le dos du prochain. Il n'y eut jamais tant d'échines frottées ni de chapeaux bosselés de si bon cœur.

Le départ de Puibaraud fut salué comme une délivrance par les commissaires de quartiers. Je pourrais dire qu'il en fut de même dans les autres services de la Préfecture, où Puibaraud fut toujours considéré comme un intrus. Il n'en avait ni l'esprit, ni les façons. Ce n'est pas à sa manière que l'on y concevait la police. Quelques jours après son départ, un groupe de commissaires passait devant la porte entr'ouverte de son cabinet. Il y dansait une grande lueur. C'était un garçon de service, chargé du ménage, qui allumait sa pipe avec un journal enflammé. « On brûle du sucre là dedans » fit Borde, et tous de rire en ajoutant : « Ça n'est pas trop tôt. Le besoin s'en faisait furieusement sentir ! » Buchotte, encore, fut applaudi, qui crut devoir faire allusion aux *Écuries d'Augias*. Les commissaires se réjouissaient de voir M. Lépine procéder avec empressement à ce qu'ils appelaient la « liquidation Puibaraud » et mettre à sa place le sympathique M. Mouquin.

VII

OÙ M. RENAN INTERVIENT

Je partageais la satisfaction de mes collègues. Toutefois, je ne pouvais m'empêcher de songer à l'ingratitude des ministres qui avaient laissé partir Puibaraud sans un mot de regret sitôt la tranquillité rétablie. Comme dit le proverbe espagnol : « Le danger passé, on se moque du saint ». Une pitié me prenait pour cet homme, à constater qu'il s'était déconsidéré en pure perte, car, en somme, ce n'était pas pour son profit personnel, mais pour le salut d'un régime, qu'il avait condescendu à tant de blâmables pratiques. Peut-être même en souffrait-il au fond, et n'avait-il agi que par amour de l'ordre et du bien public. Après vous l'avoir peint de couleurs si noires, je me demande si, sans vouloir m'écarter de la vérité, je ne l'ai pas calomnié. Il était si difficile de le pénétrer! Il ne se livrait guère et ne disait que ce qu'il voulait. Dès qu'il n'était plus question de service, il vous parlait, la voix neutre, les yeux absents, comme s'il estimait tout autre propos un verbiage inutile. S'il faisait semblant de se déboutonner, en certaines occasions, c'était par ruse, pour savonner la pente et vous faire glisser aux confidences. Il fallait se garder avec lui. Une seule fois, il lui est arrivé de laisser, en ma présence, échapper un cri sincère. Il m'entretenait, entre deux portes, d'une affaire en cours d'instruction à mon commissariat, lorsque nous fûmes abordés par un vieux commissaire de police, brave homme, mais sans cervelle, et que son incapacité maintenait privé d'avancement, dans une sorte de disgrâce. Le commissaire, croyant l'heure propice à se concilier Puibaraud, se met à le flagorner bassement. Puibaraud se gausse de lui et le roule copieusement dans la farine, puis, le traitant d'autant plus haut qu'il se faisait petit garçon, vous le rudoie, en fin de compte, si vertement, que l'autre s'en alla, penaud, les oreilles basses, honteux comme un chat mouillé. « Vous avez été bien dur pour ce pauvre homme » dis-je à Puibaraud. Et, lui, de me répondre avec vivacité : « Je n'aime pas les imbéciles ! » Il préférait un ennemi judicieux à un sot partisan. J'ai dit qu'il s'entourait de gens tarés. Il n'oubliait pourtant pas de se servir des honnêtes gens, à l'occasion, car il savait que, somme toute, la vertu est une force. Lorsque M. Court fut avisé par M. Laurent, secrétaire général, qu'il était désigné pour prendre la direction de la *brigade mobile*, dont le chef venait d'être révoqué, M. Court s'étonna qu'on ait pu songer à lui pour un poste aussi disqualifié. Il crut se libérer d'une sollicitation importune en disant :

— Comment voulez-vous que j'accepte de servir sous les ordres de M. Puibaraud, avec qui je ne pourrai jamais m'entendre? D'ailleurs, il n'ignore pas ce que je pense de ses méthodes. Je les réprouve assez publiquement pour que l'écho lui en soit parvenu .Il serait le premier à s'opposer à ma nomination.

— M. Puibaraud? s'écria le secrétaire général, mais c'est lui-même qui vous a proposé.

Puibaraud s'était rendu compte du discrédit où était tombée la *brigade mobile*. Il voulait lui redonner du lustre en mettant à sa tête un homme au-dessus de tout soupçon.

M. Court n'en persista pas moins dans son refus, et s'il accepta plus tard la direction du service des garnis, c'est que M. Puibaraud n'était plus là.

Mon tort est sans doute d'avoir voulu juger Puibaraud d'un faux point de vue et de m'être embarrassé de considérations morales qui n'ont rien à voir en politique. Le point d'honneur est un bagage bien encombrant dans le maniement des affaires publiques. « Il ne faut pas, disait Renan, mêler l'idéal aux réalités. Ce qui est vrai en littérature et en poésie est toujours faux dans le monde grossier des faits accomplis. Les plus beaux rêves, transportés dans le domaine des faits, peuvent être funestes, et les choses humaines vont mieux quand les idéologues cessent de s'en occuper. »

Il y avait, certainement, des parties saines et

estimables chez Puibaraud. Comme inspecteur général des prisons, il avait eu à s'occuper de la condition des enfants ramassés sur la voie publique et moralement abandonnés. Il avait pris sa tâche à cœur. J'ai lu l'un de ses rapports les concernant qui témoignait d'une âme sensible. Il ne pouvait voir, sans indignation, maltraiter un chien, un cheval, une bête de somme. Il avait proposé des mesures en conséquence, ce qui lui avait valu un diplôme d'honneur de la société protectrice des animaux. Il n'était pas sans culture. Il avait étudié, conquis le grade de docteur en droit. Il s'était mêlé de journalisme. Il avait publié dans le *Temps* une série d'articles : le *Crime à Paris*, qu'il réunit, plus tard, en volume sous le titre : *Les malfaiteurs de profession.* Il disait l'avoir écrit pour mettre les honnêtes gens en garde contre les ruses et pratiques habituelles des malfaiteurs. Il s'y montrait renseigné, mais ce n'est pas dans ce livre de vulgarisation qu'il faut chercher sa secrète pensée. Je crois qu'il compatissait, plus qu'il n'y semblait, aux faiblesses humaines. Il s'effrayait de la plaie des sociétés civilisées : le chantage. Il demandait qu'en cette matière le huis-clos fût prononcé, le compte rendu des débats interdit. Il disait croire en Dieu et à la nécessité de la religion, mais il plaçait au-dessus de tout ce qu'il estimait son devoir de fonctionnaire, un dévouement aveugle aux ministres qui avaient mis leur confiance en lui.

On l'a accusé d'être ambitieux, d'avoir voulu démolir M. Lépine, pour se faire nommer préfet de police à sa place. C'est possible, mais je crois qu'il enviait plutôt son pouvoir que son titre et ses honneurs. Pas d'homme plus ennemi de la gloriole et de la vanité. Il aurait pu, comme tant d'autres, profiter de sa haute situation et de ses relations de presse pour faire chanter ses louanges. Des journalistes complaisants sollicitaient de lui des notices biographiques, son portrait, lui offraient la réclame de leurs journaux. Il s'y est toujours refusé. Je ne sais même pas si l'on trouve son nom dans les encyclopédies du temps. Lors de ses démêlés avec Cochefert qui avaient leur répercussion jusque dans la presse, des *reporters* assiégeaient en vain sa porte, espérant qu'il allait se défendre, rendre coup pour coup à son adversaire, essayer de faire tourner la polémique à son avantage. Il dédaignait de les recevoir, et ceux qui réussissaient à forcer la consigne ne lui trouvaient que cet éternel refrain en bouche : « Je n'ai rien à vous dire. »

J'ai insisté sur ses pratiques d'espionnage, sa duplicité, ses manœuvres tortueuses. En les lui reprochant, j'oubliais trop qu'il agissait dans un moment de crise, à l'heure où la situation semblait désespérée. Il avait à briser l'assaut furieux des ennemis de l'État, dont il s'était constitué le dernier rempart. Il s'était imposé de défendre les institutions du régime, en fidèle chien de garde, sans se demander ce qu'elles valaient. Il s'estimait en cas de légitime défense. C'est un cas où l'on n'a pas à se préoccuper du choix des armes. La ruse est de bonne guerre avec des ennemis déloyaux. J'avoue qu'il me faut violenter ma nature et sortir de moi-même pour faire valoir, en sa faveur, non des excuses mais des circonstances atténuantes. Rien ne m'est plus étranger que sa conception de la police. Mais enfin je suis bien obligé de souscrire à l'adage : « Aux grands maux, les grands remèdes ». Je n'approuve pas, j'explique. Manqueraient-ils d'excellents arguments, ceux qui penseraient : « Qu'importe que Puibaraud ait armé les anarchistes, s'il avait le sentiment de les pousser plus vite à leur perte? Qu'importe qu'il ait, à l'aide de ses agents provocateurs, déchaîné l'émeute dans les rues, s'il avait conscience que ces émeutes, qu'il était sûr de pouvoir maîtriser, sauvaient l'État d'une révolution? »

Puibaraud s'est dévoué, corps et âme, au salut d'un régime. Il y a sacrifié jusqu'à sa conscience, et ce qui me retient, aujourd'hui, de l'en accabler sans rémission, c'est l'observation de M. Renan et c'est encore l'ingratitude du gouvernement à son égard. Ceux qui lui devaient d'avoir conservé « l'assiette au beurre » se sont mêlés, pour lui jeter la pierre, à ceux qu'il avait déconfits. Si l'intention seule fait le crime, Puibaraud n'était-il pas en droit de plaider l'innocence? Il est parti sous les huées, sans un mot, mais il en ressentit un tel dégoût que sa mort suivit de près son débarquement. Il fut enterré, en province, en novembre 1903. Seul, M. Lépine, passant l'éponge sur les discordes passées, vint, sur sa tombe prononcer le discours d'adieu. Les autres l'avaient déjà oublié. Et puisque M. Puibaraud nourrissait des sentiments chrétiens, j'imagine qu'il a dû, à ses derniers moments, remâcher l'amertume et l'angoisse de Colbert, disant sur son lit de mort : « Si j'avais fait pour Dieu ce que j'ai fait pour mon prince, je serais mille fois sauvé, et je ne sais ce que je vais devenir ! »

VIII

A VAUGIRARD

Lorsque je m'y installai, ce quartier de Vaugirard, en voie d'évolution, n'était plus la banlieue, sans avoir encore pris l'air de Paris. C'était une chose hybride, ni chair ni poisson, que les gens du bon ton se piquaient d'ignorer. C'est de Vaugirard qu'était venue l'expression populaire : « On n'est pas des bœufs! » car Vaugirard avait été, à son origine, le pays des bœufs, comme le prouvait son nom primitif de *Vauboistron*. Le poète Abbon, moine de l'abbaye de Saint-Germain-des-Prés, qui a laissé un poème latin sur le siège de Paris par les Normands, l'appelle *Bostar (Bos-stare)*, station des bœufs. Les étables à bœufs s'y multipliaient pour le ravitaillement de la capitale. « On n'est pas des bœufs! » revenait à dire : « On sait vivre autrement que les bouviers de Vaugirard ». Il existe encore, par là, un pont dénommé « pont-aux-bœufs » parce qu'il fut construit sur le territoire des bœufs. De nos jours, les habitants de Vaugirard eurent à souffrir d'un autre préjudice de même nature, à cause de la *rue des Fourneaux*, heureusement changée de nom depuis, et devenue *rue Falguière*. Bien que Vaugirard soit resté par prédestination un lieu d'abattoirs, ses habitants n'ont plus à craindre d'y être traités de « bœufs » ni de « fourneaux ». Ils seront bientôt aussi considérés que leurs voisins d'Auteuil.

On disait encore : « Il ressemble au greffier de Vaugirard », d'un pauvre homme, mal fourni de pécune et d'esprit. Le dicton remontait au temps de la guerre de cent ans, qui avait si fort dévasté ce hameau de 300 âmes, qu'il n'avait plus de quoi entretenir convenablement un greffier, et qu'il n'en pouvait recruter que parmi les gens de condition misérable. On lui avait affecté un local si exigu que trois personnes n'y pouvaient tenir ensemble, et si mal ajouré qu'il fallait laisser la porte ouverte pour y voir clair. Hélas! cinq siècles plus tard, je me trouvais à Vaugirard presque aussi mal administrativement logé que son greffier d'antan. Ce n'est pas que mon commissariat du quartier Saint-Lambert ne fût suffisamment spacieux et aéré, mais il était privé de tout confortable, pourri d'humidité, installé dans une boutique de la place, en contre-bas de la rue, de sorte que les jours de pluie, l'eau y dégoulinait à foison et m'imposait à moi, comme au public, un bain de pieds forcé. Celui du quartier Necker ne valait guère mieux. C'était une baraque fort endommagée par le temps, où les rats pullulaient. Cela a changé depuis. Les commissaires actuels de ces deux quartiers occupent des locaux luxueux, dans un immeuble tout flambant neuf (*Ædificabit Cherioux*), et si la mairie se trouve encore trop exiguë, puisqu'on a dû construire ailleurs sa salle des fêtes, du moins son greffier s'y trouve-t-il à l'aise pour écrire, et le public y accède-t-il sans difficulté.

Erigée en paroisse depuis 1342, sous l'invocation de Saint-Lambert, la commune n'avait jamais fait précédemment grand bruit. Elle était considérée comme si négligeable que François Ier, voulant donner une leçon de modestie à Charles-Quint, qui n'oubliait jamais de faire ronfler tous ses titres au bas de ses lettres, se contentait de signer celles qu'il lui envoyait du titre de « comte de Vaugirard ». Il n'aurait pu en choisir de plus humble. Au XVIIe siècle, La Fontaine écrivait dans la fable *du Singe et du dauphin :*

> Notre magot, prit, pour le coup,
> Le nom d'un pont pour un nom d'homme,
> De telles gens, il est beaucoup
> Qui prendraient Vaugirard pour Rome.

Pourtant, je savais que Vaugirard avait eu, à diverses reprises, sa période de vogue. Au temps où Charles-le-Simple résidait dans son palais d'Issy-les-Moulineaux, ses grands officiers avaient fait construire, à Vaugirard, leur maison de plaisance. Au XVIIIe siècle, ce n'est pas seulement les cabarets et les guinguettes qui l'avaient envahi, mais les « folies » des grands seigneurs. A ce moment même, Vaugirard eut sa reine : Mlle Dargeville, héroïne émérite du Théâtre français « l'amour et les délices de tous les gens de goût » comme on disait dans le style du temps. Elle y habitait une somptueuse demeure, où, le 15 août 1768, à l'occasion de sa fête (Sainte Marie) on lui en donna une « aussi agréable que magnifique » qui fut l'entretien du jour. Voici d'ailleurs ce qu'en dit Bachaumont dans ses mémoires :

« Il y eut d'abord un dîner de dix-neuf personnes, composé, — en beaux esprits, — de MM. de Sainte-Foix, Le Mière, Dorat, Rochon et Duclairon, tout récemment arrivé de son consulat de Hollande, — en gens de la comédie — des demoiselles : La Motte, Fannier et de Mme Drouin. Le reste était des anciens amis ou amants de la maîtresse de la maison. Il ne faut pourtant pas oublier M. de Saint-Aubin, peintre, qui n'a pas le moins contribué aux divertissements. A la fin du dîner, après avoir beaucoup *tosté* en l'honneur de la reine de Vaugirard, M. de Sainte-Foix a commencé des couplets sur la fête. Tous ses émules l'ont suivi, jusqu'à ce qu'une symphonie, partie du jardin, ait amené quelque chose de nouveau. On s'est transporté vers les lieux d'où elle s'annonçait. On est entré dans un bosquet délicieux, où s'est trouvée la statue de mademoiselle Dargeville, sous la figure de Thalie, avec tous les attributs de son art. On lisait, au bas du piédestal, un hymne de la composition de M. de Sainte-Foix. On a procédé à l'inauguration de çette statue, et tous les beaux esprits sont venus en cadence, des guirlandes de fleurs à la main, lui rendre leurs hommages. On a encore chanté des couplets. On a joué différentes petites parades spirituelles et délicates. Ensuite, le jour tombant, tous les bosquets se sont trouvés illuminés. On a introduit le peuple. Il s'est formé des danses partout. On avait établi des rafraîchissements pour cette populace, qui bénissait sans cesse l'illustre Marie. Enfin, un feu d'artifice très brillant a terminé le spectacle. Un grand souper a suivi, et le champagne et l'esprit ont recommencé à couler avec la même abondance ».

Ces précédents oubliés n'impressionnaient plus les beaux esprits de 1897. Vaugirard demeurait, à leurs yeux, frappé d'interdit, comme inélégant. Il est vrai que ce quartier, devenu depuis 1860 portion de Paris, avait été si long à se développer que, dans les archives de mon commissariat, je trouvais encore trace de procès-verbaux pour vols de récoltes et pour délits mignons commis au pied d'un arbre ou dans les champs de blés. Il a pris sa revanche depuis, grâce à l'activité de ses édiles. J'en avais reçu l'impression, dès mes débuts, alors que je disais :

Il est temps que la lyre honore Vaugirard.
. . . .
Si, de l'esprit nouveau préparant la conquête,
Pour lui frayer chemin, quelqu'un se met en quête,
C'est toujours Chérioux, quand ce n'est pas Chautard.

Chérioux est resté, depuis lors, le conseiller municipal inamovible du quartier Saint-Lambert, M. Chautard fut, de mon temps, celui du quartier Necker. Tous deux furent présidents du conseil municipal. Tous deux, riches d'initiative et d'expérience, dévoués à l'intérêt public, se travaillaient à embellir leur domaine respectif, à y faire pénétrer, avec l'activité commerciale, le luxe et le confort. Ce n'est pas que Vaugirard, dans l'état intermédiaire où je l'avais trouvé, fût complètement dénué de vie intelligente. Les statuaires s'y étaient installés de préférence, parce qu'il leur faut du plain-pied, de l'espace et des terrains nus pour y déposer leurs matériaux. C'est là que je connus : Dalou, Alfred Boucher, Bourdelle, Boisseau, Joseph ·Bernard, Rouzaud, Escoula, Capellaro, James Vibert, Carrière, le frère du peintre, les frères Schneeg, Coutheilas, l'animalier Péters, Henri Bouillon... C'est là que je retrouvai Niederhausen, dit Rodo, en train de sculpter le monument Verlaine, monument que je dus, à maintes reprises, Dieu sait au prix de quels stratagèmes inouïs ! sauver de la rapacité des huissiers. C'est là que José de Charmoy, avide de gloriole et de bruit, recevait, dans son atelier de l'impasse du Maine, toute une société huppée, cosmopolite, tandis qu'il y exécutait son monument Baudelaire, destiné au cimetière Montparnasse, et que domine l'Ange du Mal, pour lequel le tragédien de Max lui servait de modèle. Etrange personnalité que ce de Max, traversé d'éclairs de génie et qui, en dépit d'une voix de polichinelle, sut atteindre au sommet du pathétique dans certaines créations. Il arrivait, à l'atelier du peintre, lustré, frisé, une fleur à la boutonnière, en équipage à deux chevaux. Avant la pose, il se mettait à déclamer des vers de Baudelaire, pour, disait-il, se mettre mieux dans la peau de son personnage, et il posait nu, bien que le sculpteur ne voulût lui emprunter que le masque. Dans les intervalles de pose, il se drapait d'un peignoir de soie rouge, brodé d'or, et se donnait des airs d'Héliogabale et de Néron. J'assistai, par hasard, à l'une de ces séances. Il s'y trouvait une dizaine de personnes, métèques, argentins, moldo-valaques, dont un soi-disant prince russe, constellé de bijoux. De Max posait nu, accoudé sur un socle, placé devant lui, qui le dissimulait en partie. La pose terminée, il enfila son peignoir et, mêlé à la société, entonna les *litanies de Satan* avec un tel emportement que son peignoir flottant cessait de le couvrir, mais il s'était si fort emparé de l'esprit de son auditoire que personne ne fit mine de s'en apercevoir.

Parmi les sculpteurs d'élite de Vaugirard, figurait Lucas Madrassi, naturalisé français, mais né en Vénétie, d'une famille de professeurs. Il était venu à Paris dès son plus jeune âge. Son père, ardent républicain, fougueux polémiste et journaliste apprécié, avait dû fuir sa patrie, afin d'éviter les persécutions que lui valaient, de la

part des autorités autrichiennes, ses convictions
républicaines. Mais, en France, sous l'Empire, les
idées républicaines n'étaient pas mieux reçues, et
la famille Madrassi, une fois encore, dut s'expa-
trier. Lucas suivit les siens à Bruxelles et ne revint
à Paris que la République proclamée. Il entra à
l'école des Beaux-Arts et devint presque aussitôt
le collaborateur de Gustave Doré, dont la fantaisie devait influencer toute sa production. Il avait
deux fils. L'un, Lucien, sociétaire de la Société
Nationale des Beaux-Arts, s'est révélé à la fois
comme portraitiste, peintre orientaliste et illus-
trateur [1].

C'était, en même temps qu'un praticien habile,
un excellent homme que ce Lucas Madrassi,
au chaleureux accueil. Il m'arriva, chez lui, une
petite mésaventure, bien propre à me guérir du
péché de fatuité, si j'y étais enclin. On servait
le thé dans son atelier. La société y était toujours choisie en hommes, mais, comme dans tous
les ateliers, de jolies filles s'y glissaient, qui se
voyaient agréées, en passant, sur la seule recommandation de leur jeunesse et de leur beauté,
aspirantes modèles ou modèles de profession.
Il en était une, ce jour-là, que je voyais pour la

1. Il a illustré notamment, de 86 eaux-fortes originales *Un
Royaume de Dieu* de J.-J. Tharaud (Lapina, éditeur). Pour se
documenter, Lucien Madrassi a visité la région des Ghettos de
Galicie et de la Russie subcarpathique. Nul n'excelle, comme lui,
à faire saillir d'un trait la caractéristique de son modèle, qu'il
s'agisse d'une patricienne élégante, raffinée, ou d'un paysan
fruste et d'un barbare à demi civilisé.

première fois, particulièrement agréable à contempler. Toute jeune, dix-huit ans à peine, fort élégamment vêtue, elle aidait au service avec une autre, son aînée, et circulait, parmi les groupes, le sucrier en mains. Lorsqu'elle approcha de moi, Madrassi me présentait à un nouveau venu : « Le poète Ernest Raynaud! » En entendant mon nom, elle fut prise d'un si violent saisissement qu'elle en laissa choir à terre le sucrier qu'elle portait. L'objet était en métal. Heureusement! Pas de casse à déplorer. « La voilà bien la gloire! » pensai-je en moi-même, flatté, malgré tout, d'un émoi que je mettais sur le compte de ma réputation de poète. Sans nul doute, la jeune fille avait lu mes vers (ses yeux pétillaient de vive intelligence) et je prenais son saisissement pour un secret hommage rendu à mon génie. Je m'inquiétai d'elle auprès de Madrassi, qui ne put me donner à son sujet que des indications vagues. Elle était venue s'offrir à lui pour « poser » en compagnie d'un de ses modèles ordinaires, mais il n'en avait pas l'emploi, pour l'instant, et s'il l'avait retenue ce jour-là, c'était pour ne pas la séparer de sa camarade. Que m'importait, après tout, sa situation sociale, puisqu'elle était charmante et qu'elle admirait mes vers? Je n'attendais plus que l'occasion de m'entretenir à l'écart avec elle, mais elle avait disparu. Je devais, bientôt déchanter, et j'aurais déchanté séance tenante, si, au lieu de me désigner cette fille sous un nom d'emprunt, on me l'avait désignée sous son véritable nom, que j'appris, par hasard, le lendemain. La demoiselle avait quitté ses parents pour se lancer dans la galanterie, sous le couvert du métier de modèle. Ses parents la faisaient rechercher et, parce qu'ils étaient mes administrés, j'étais chargé de l'enquête. Ce n'est pas ma qualité de poète qui l'avait impressionnée, mais ma qualité de commissaire de police. Je n'avais plus raison d'en tirer vanité.

Il me fut donné, à Vaugirard, de rencontrer, Falguière et Rodin, qui demeuraient dans les parages, et y venaient jeter un coup d'œil aux travaux de leurs confrères et élèves. Et il existait, passage des Favorites, la fabrique de céramique Deck, où tous les princes de l'ébauchoir et les potiers d'art se donnaient rendez-vous.

Pour ce qui est des peintres, Vaugirard n'entendait pas rivaliser avec les quartiers de Courcelles et de la Plaine Monceau. La clientèle des peintres mondains n'aurait jamais osé s'y aventurer. Les portraitistes ne consentaient pas à s'établir au delà de la Villa Gabriel, à l'entrée de la rue Falguière, où demeuraient Lelong, l'interprète des modernes élégances, et Castaigne, l'illustrateur-écrivain, familier de l'Elysée, aussi habile à évoquer les fastes du cirque de la plume que du crayon. Il y avait bien, par-ci, par-là, des peintres, plus ou moins officiellement consacrés, qui logeaient à Vaugirard, parce qu'ils y étaient, comme Adolphe Steinheil, propriétaires de leur villa, mais le compte en était vite fait. A défaut de notabilités officielles et claironnées, je pouvais pourtant m'enorgueillir d'avoir, pour administrés, quelques *As* de la peinture, si contestés ou ignorés fussent-ils encore de la critique officielle. Je citerai en première ligne Jules Valadon, victime, de la part de ses confrères de l'Institut, d'un ostracisme inconcevable, et qu'il faudra bien que l'on se décide à reconnaître, un jour, pour l'une des gloires de l'Art français. C'était un grand vieillard sec, au profil d'aigle, un peu brusque, et qui se souciait peu de parvenir à coups de platitudes et de concessions. Il avait, en toute chose, un peu de l'âpre intransigeance de son vieil ami Barbey d'Aurevilly. On ne voit plus de ces caractères tranchés. Il excellait à rendre l'expression de la douleur, sans pour cela mésestimer la joie (il a des coins de paganisme savoureux), mais il s'inclinait, surtout, vers les humbles, comme son autre ami, François Coppée. Et qu'il savait mettre de sentiment dans ses moindres esquisses et jusque dans ses natures mortes! Un chandelier sur un coin de table, un matelas de pauvre, prêt à être expédié au Mont-de-piété, et c'était tout un drame de pathétique ému. Je citerai encore Alexis Séon, petit homme trapu, au profil léonin, à l'opulente crinière roussâtre, que l'on a appelé « le peintre de l'âme » et qui s'était institué le missionnaire de la beauté, selon Ruskin ; Alphonse Osbert, l'interprète du silence, des crépuscules pensifs et des visions immatérielles, dont l'œuvre harmonieuse et sereine décèle les origines patriciennes [1]; Marcel Lenoir, le rénovateur de la fresque, imprégné de ferveur mystique, qui se plaisait à afficher sa pauvreté, et se promenait dans la rue, tête nue (une tête de saint Jean-Baptiste) en sabots, affublé d'une longue houppelande, qui lui donnait figure de moine.

Lepère, un *As* de la gravure, était aussi mon administré. Ceux-là ont fini par s'imposer, ou s'imposeront plus ou moins, avec le temps. Il en est d'autres, disparus depuis, qui n'étaient pas sans mérite, comme Schütz-Robert, portraitiste inspiré, et Fülde, le peintre américain, élève de Baïl, qui s'était fait construire un atelier, rue Blomet, en face de mon commissariat, ce qui avait établi entre nous des rapports quotidiens Il en est d'autres, riches de talent et de promesses, que j'ai perdus de vue depuis, comme Oger, l'ami des animaux, qui peignait avec amour les chats et les chiens, dont son atelier était devenu le lieu d'asile, et traduisait la résignation des pauvres bêtes de somme avec l'attendrissement ému du poète Francis Jammes. Et je ne puis oublier les frères Mengin, l'un peintre, l'autre sculpteur, si semblables de figure, de manières et d'habillement, qu'il était impossible de les distinguer l'un de l'autre. Et, le plus curieux, c'est

---

1.Il descend d'une famille illustre, et compte parmi ses aïeux Osbert de Bréteuil, grand sénéchal de Normandie, cousin de Guillaume le Conquérant.

qu'un autre cas de ressemblance aussi extra-ordinaire existait dans le voisinage, avec les frères Orsini, établis praticiens-sculpteurs, impasse Falguière.

Au reste, Vaugirard allait bientôt devenir un véritable foyer d'art avec la *Ruche*. C'est toute une cité que le statuaire Alfred Boucher, l'apologiste du muscle, fit jaillir des solitudes de la rue de Dantzig, en utilisant des bâtiments provenant de l'Exposition universelle de 1900. Le principal était en rotonde, d'où, j'imagine, le nom de *Ruche*, à moins qu'il n'y fallût voir une invitation au travail. Le philanthrope Boucher y louait aux artistes pauvres des ateliers, à vil prix. Encore oubliait-il, parfois, de leur faire présenter la quittance. Il avait accumulé à la *Ruche* de vastes provisions de bois, comme pour convier ses locataires à s'y fournir gratuitement de chauffage, en hiver. C'était un vrai pillage sur lequel il fermait volontairement les yeux. Dans les premiers temps, sa concierge avait voulu y mettre ordre. Il la pria de ne plus y prendre garde. Les jeunes trouvaient à la *Ruche* : jardins, salle de jeux, salle de théâtre, salle d'exposition, salle d'études commune avec modèles, qu'il mettait librement à leur disposition. Ils y trouvaient même un Musée, où s'entassaient les collections d'art du Maître : meubles, tapisseries, faïences, marbres, tableaux, d'une richesse inouïe. J'ai bien peur que la guerre n'ait fait des ravages de ce côté. Nous ne sommes plus à l'époque où l'on pouvait se payer le luxe de jouer impunément au Mécène et de distribuer gratuitement la manne aux apprentis de l'art.

Aussi résolument que les peintres en vogue, les romanciers de salons et les littérateurs parvenus fuyaient Vaugirard. J'y respirai, pourtant, dès mon arrivée, je ne sais quel relent pastoral, dans le seul nom de mon propriétaire : Panchèvre, (successeur de Tuvache) le charbonnier en gros de la rue de Vaugirard, ami du docteur Leboucq. Le docteur Leboucq était l'une des illustrations du cru. Ces noms me sonnaient un écho d'Arcadie, peuplée de troupeaux et d'Œgipans. Et la littérature ne laissait pas d'y être représentée. D'abord, avec son maire, le vénérable Sextius-Michel, poète, l'un des honneurs du Félibrige, qui logeait dans un pavillon, au fond d'une impasse, dont la concierge faisait si bonne garde, qu'un jour, où je m'y étais introduit sans sa permission, elle s'imagina avoir affaire à un galvaudeux en quête d'un mauvais coup. Après avoir fermé la grille sur moi, elle courut chercher des agents, pour me faire arrêter. La bonne vieille fut stupéfaite de voir lesdits agents m'aborder avec déférence. En apprenant qui j'étais, elle faillit s'évanouir de confusion et de remords. Le maire à qui j'allais présenter mes hommages était absent. Il crut devoir me rendre une visite de condoléance. Je n'avais donc qu'à me féliciter de l'incident. Nous parlâmes moins d'affaires administratives que de Mistral, des bois d'oliviers et des cigales de l'immortelle

Provence, où le Soleil arrête ses chevaux.

On taquinait la Muse dans les bureaux de la mairie, où fonctionnaient : Gaston de Raimes, Poinsot et Adolphe Gensse. Gaston de Raimes chantait, du même cœur, ses extases de poète et ses trouvailles d'amateur de bibelots. Il n'était jamais si content que, lorsqu'au hasard de ses flâneries, il avait découvert :

Dans une assiette, un vrai Nevers à la Pagode.

Poinsot, l'un des apôtres du régionalisme,

Brûlait de redonner à notre âme ravie
La force et la douceur qui font noble la vie.

Il se comparait au pilote, posté dans la nuit, en quête de la route à suivre :

Et moi je guette poindre une aurore nouvelle.

Ce qui ne l'empêchait pas d'écrire, concurremment à ses vers éthérés, des romans où il accentuait la note réaliste. Gensse, joyeux boute-en-train, était moins ambitieux. Il se contentait d'improviser des sonnets, qu'il griffonnait en marge de ses dossiers, et qu'il laissait s'éparpiller, avec eux, dans la poussière des cartons. C'était sa façon de tuer le temps et de faire la nique aux petits tracas de l'existence. Il disait :

La Jeunesse et l'Amour me suivent où je vais,
Et je fais aux passants l'aumône de ma joie.

J'avais pour voisin, dans ma maison même, M. Eugène de Ribier, directeur de la *Revue des Poètes*, et, à deux pas de chez moi, le ménage Alcanter de Brahm. Alcanter était le type du blagueur à froid. Sa veine sarcastique s'était déjà donné carrière dans ses *Chansons poilantes*, écrites en style Montmartrois. Il avait inventé le point d'ironie, un point d'interrogation retourné, qu'il portait en épingle de cravate.

Mme Alcanter de Brahm n'avait rien du flegme étudié de son mari. Remuante en diable, avec son cran de toulousaine éveillée, elle s'était mise en tête de tenir salon, et de conquérir Paris à coups de conférences. Elle attirait chez elle le beau monde, et révolutionnait le quartier, encore ouaté de somnolence banlieusarde, par l'éclat de ses réceptions. C'était une file ininterrompue d'équipages à sa porte, et son appartement était grand comme un mouchoir de poche. Je me souviens d'un gala qui y fut donné, certaine année, aux approches de Noël. On y jouait une revue, dont Lionel Nastorg était l'auteur et le principal interprète. Mme Alcanter de Brahm lui baillait la réplique. Les visiteurs affluaient, qui, faute d'accès, se bousculaient sur le palier, et retombaient en grappes agglomérées tout le long des escaliers. De grandes dames s'en retournaient désolées, qui n'avaient pu même s'ouvrir les voies du vestibule.

D'autres poètes travaillaient à l'ombre : Fernand Clerget et sa femme, Madeleine Lépine, auteur du *Voile de flammes*, qui rêvaient d'être les prophètes des Temps nouveaux :

Nous serons les soldats des fureurs populaires.
La paix est avec nous sur l'aride chemin,
La femme, enfin, s'éveille à notre appel de guerre.
Les peuples écrasés se sont donné la main,
Et rien ne va rester des crimes de naguère.

Ils logeaient rue Mathurin Régnier, en attendant d'émigrer à Montparnasse, où ils deviendront dépositaires et collaborateurs de la revue : *Le Sagittaire*, dont j'assumais la direction. Léon Dequillebec, non moins ennemi du bruit, composait ses poèmes claustré dans un vieux logis XVIIIᵉ siècle, qu'il louait à la ville de Paris, logis délabré, promis à la pioche des démolisseurs, perdu, avec son parc en ruines, au fond d'une ruelle ignorée, et que j'ai dépeint dans la *Mêlée Symboliste* [1]. Et mon vieux camarade, le poète Jean Court, venait de prendre possession de son poste d'officier de paix dans l'arrondissement. Cela était déjà suffisant pour assurer le renom intellectuel du quartier, mais à côté de Sextius Michel, on y comptait trois personnalités littéraires éminentes : Eugène Ledrain, l'auteur d'une *Histoire d'Israël* et de travaux d'érudition qui font autorité dans le monde des orientalistes, Frédéric Plessis, poète-romancier, nourri de

---

1. Cf. *La Mêlée symboliste* (Renaissance du Livre).

grâce virgilienne, à l'air si distingué que le garçon du *Café des Vosges*, où nous nous arrêtions parfois, s'obstinait à l'appeler : l'*Académicien*, et Marcelle Tinayre, l'éloquente interprète des âmes voilées, l'auteur de la *Maison du péché* et de tant d'autres chefs-d'œuvre délicieux, qui lui ont valu d'être surnommée la *Muse de l'enchantement.*

Il ne manquait même pas à Vaugirard une bohême littéraire dont le plus notable échantillon était Paul Gabillard, sorte de Pic de la Mirandole, instruit de toutes choses, mais qu'un malheureux penchant à la bouteille rivait à l'indigence et à l'obscurité. Il besognait à bas prix pour les éditeurs. Il leur livrait, à date fixe, un ouvrage sur n'importe quel sujet. Il a composé une histoire de la Musique. Il aurait, tout aussi bien, confectionné un précis de philosophie, un traité de mécanique, un manuel d'anatomie comparée. Il écrivait des vers, des romans, pour les gens du monde, qu'il leur laissait signer de leur nom. Il lui arriva même de rédiger les mémoires de l'une de nos plus célèbres demi-mondaines, piquée de la tarentule des lettres, après avoir essayé du théâtre. Il ne la connaissait pas. Il lui avait écrit pour obtenir des documents. Elle lui fit répondre par son éditeur : « Inutile ! Imaginez ce que vous voudrez ! » Et Gabillard imagina. Le livre a paru. Vous pensez la valeur documentaire qu'il peut avoir pour les historiens futurs.

Un autre genre de bohème était Marc-Stéfane, adepte de l'occultisme. Celui-là était sobre, mais enfermé dans ses bouquins, il n'avait pas loisir de s'occuper d'autre chose. Il tirait des horoscopes, lisait dans les lignes de la main, et je dois avouer qu'il donnait des preuves de clairvoyance surprenantes. Avec plus d'entregent, il aurait pu réussir. Il eut la mauvaise inspiration de se laisser pincer, un jour, en flagrant délit de vol d'une statuette, au Musée du Louvre. Ce n'était pas un voleur vulgaire. Aucun souci de lucre ne lui avait dicté son acte, mais l'amour de la science. Il avait cru reconnaître dans cette statuette une sorte de fétiche antique, dont il voulait essayer les vertus. Elle devait lui servir pour ses incantations. Il avait foi aux amulettes. Je le rencontrai, un soir, courant, affolé, dans la rue. Il tenait à la main un petit paquet ficelé. « C'est, me dit-il, un talisman que je viens d'éprouver chargé de maléfices, et dont je dois me débarrasser à tout prix ». L'objet n'était pas sans valeur. Il le vendit pour quelques sous, à Mme Boëx, qui tenait magasin d'antiquités, rue de Vaugirard. Elle le rangea dans un placard, où le feu se déclara pendant la nuit, sans cause appréciable. Le feu, conjuré à temps, n'eut pas de graves conséquences. « Vous voyez, me dit, le lendemain, Stéfane, combien j'avais raison ! » Je prévins Mme Boëx, qui se hâta de se défaire de l'objet, une petite divinité en métal doré, avec des bras en tentacules, comme une idole hindoue, divinité redoutable que Stéfano avait confondue avec une divinité bienfaisante. L'objet passa aux mains d'un gros patron laitier, qui mourut subitement, peu après. Sa veuve, cliente des bijoutiers Delille, voisins de Mme Boëx, leur montra l'objet, pensant qu'il était en or, pour le leur faire estimer. C'est ainsi que j'eus l'occasion de m'en entretenir avec eux. Loin de sourire de mon récit, les frères Delille étaient disposés à admettre le bien fondé de certaines appréhensions.

— Il y a six semaines, me dirent-ils, un officier de marine, sur le point de se marier, était venu nous commander une parure d'opales pour sa fiancée. L'opale, de réputation suspecte, est si peu d'usage en pareil cas, que nous ne pûmes lui cacher notre étonnement. Lui-même le partageait. Il n'avait pas manqué d'élever des objections à ce désir inconsidéré, mais si formellement exprimé, qu'il avait fini par s'y conformer. L'officier n'était que de passage à Paris. Il retournait à Brest, d'où il devait revenir un mois plus tard, date fixée pour la célébration du mariage. La parure fut livrée, en son absence, à l'adresse indiquée. Or, le mariage n'eut jamais lieu. Quelques jours après notre envoi, une lettre nous faisait part du décès de l'officier, accidentellement noyé en mer.

Les fervents des Muses se rencontraient chez Paul Parat, le pharmacien de la rue de Vaugirard. Parat, « l'homme au cadenas », celui qui avait imaginé de mettre à sa femme une ceinture de chasteté. Comment une idée si baroque avait-elle pu germer dans la cervelle de ce bon vivant? Il était, certainement, d'apparence plus sympathique que sa femme, qui ne parlait jamais, avec, sur sa face de paysanne, une expression d'entêtement sournois. Etait-ce la crainte que lui inspirait son mari et la peur d'éveiller sa jalousie en souriant aux gens? Lui, barbu comme un sapeur, palabrait et plaisantait dans sa boutique, la main tendue à tout venant, jouait bruyamment avec ses enfants qu'il adorait. Il s'était institué la providence des rimailleurs sans le sou. Il suffisait d'avoir écrit un sonnet pour obtenir de lui, *gratis*, des médicaments. Il avait même donné à ses fascicules de réclame commerciale l'aspect d'une revue littéraire. Cela s'appelait : *les Tablettes universelles*. J'ai, sous les yeux, le N° d'août 1903, et j'y lis au sommaire les noms de : Alcanter de Brahm, Adolphe Gensse, Cazals, Paul Gabillard, Abdullah-Djevet bey, le poète turc, Noël de la Touche, Georges Ledentu, Camille Chabert et Aimé Passereau, ce qui n'est autre que le pseudonyme de votre serviteur. Paul Parat y a intercalé une chronique de son cru : *L'homme préhistorique*, qui en vaut bien une autre. Il venait d'acheter un vieux château à Saint-Jean-de-Côle, où il se proposait de faire des fouilles et des découvertes archéologiques importantes, et il composait aussi des vers. A côté des littérateurs lucides, Vaugirard comptait des maniaques de la plume parmi lesquels la préséance revient, sans conteste, à Madame Eulalie-Hortense Jousselin. Elle vivait rue Maublanc, dans la plus complète indigence ayant dépensé le peu d'économies qu'elle avait, à faire tirer quatre éditions de son ouvrage : *les Planètes rocheuses* avec ce sous-titre : *Les Erreurs de la vie.* Elle avait envoyé en bloc tous les exemplaires de la première édition, tirée par Chamuel, (1893) au ministre de l'Instruction publique. Elle avait divisé, par portions égales, ceux de la deuxième édition, tirés par Chamerot (1894) entre l'Académie française et l'Hôtel de Ville. La troisième, destinée à l'Élysée, fut détruite en partie par l'incendie de l'Imprimerie nouvelle, 11 rue Cadet, où elle venait de voir le jour. La quatrième, sortie des presses de l'Imprimerie Morand, 47 rue Beaunier, à Orléans, mentionnait en préface qu'elle était « la seule valable » parce que l'auteur y avait corrigé son ouvrage « écrit aussi vite que la pensée » — « Je l'ai corrigé, disait-elle, autant que la lumière de mon âme me l'a permis » et elle se félicitait que ce livre qui « suscita tant de jalousies », fût « sorti glorieux des perfidies tramées contre lui. »

J'ai essayé de le lire. C'est un tissu d'incohérences et de puérilités. On y trouve des aphorismes de ce genre : « L'éléphant se laisse caresser, le pou, non ! » Et Mme Eulalie Jousselin se croyait un génie persécuté. Pauvres de nous ! dont les élucubrations, pour être plus ordonnées, ne valent peut-être guère mieux.

Quelle terrible leçon d'humilité pour tous!

Cette malheureuse avait un fils de 23 ans, qui partageait ses illusions et son infortune. Lui cultivait la peinture. La misère, ou une tare atavique, avait aussi détraqué son cerveau. Il m'entraîna, un jour, dans le galetas qui lui servait d'atelier. Les murs étaient couverts d'études de nu, qui dénotaient la déformation de sa vision. La touche était ferme (il avait suivi les cours de l'Académie Julian) mais des têtes énormes se posaient sur des corps lilliputiens. Les proportions n'existaient plus. Dommage que Guillaume Apollinaire ne soit point passé par là. Le fils Jousselin aurait peut-être connu la gloire du douanier Rousseau.

Historiquement, aucun fait saillant ne s'est passé à Vaugirard, durant que j'y fonctionnais, sauf les expulsions congréganistes (Jésuites, Maristes, — Couvent dit *des Oiseaux*...) Je ne parle pas de mes démêlés avec la famille Syveton. Le père du député était mon administré. Ce n'était pas un administré de tout repos. J'eus bien des communications confidentielles à lui faire de la part du Parquet. Il avait fini par ne plus me recevoir, et il se plaignait ensuite que mes communications ne lui fussent pas faites en temps utile. Ses premières réclamations suscitèrent l'émoi du Procureur Général. Les autres eurent le sort qu'elles méritaient. On les jetait au panier.

Je puis donc dire que j'ai vu se dérouler une

période heureuse de l'histoire de Vaugirard, si
radicalement transformé depuis, que je ne le
reconnais plus. Ce territoire, si souvent ravagé,
au cours des siècles, ce territoire où s'étaient
fomentés tant de complots protestants, à l'époque
des guerres de religion, ce territoire où se forma la
conjuration dite de *Grenelle* contre les membres
du directoire, que rappelle, seule, aujourd'hui,
la maison du *Soleil d'or*, toujours debout, ce
territoire est devenu, grâce au développement
de Paris et à l'activité de son infatigable édile,
Adolphe Chérioux, justement surnommé le
« moderne baron Haussmann », un pacifique
lieu de séjour. On ne s'y souvient plus des désas-
tres passés, ni des ruines causées, en 1794, par
la formidable explosion de la poudrerie de Grenelle, ni des pillages et des exactions féroces de
l'invasion anglo-prussienne en 1815, après la
défaite de Waterloo, ni des fureurs du choléra
(1832) où l'on vit la foule exaspérée lapider, sous
les yeux du commissaire de police impuissant,
un pauvre diable d'écrivain public, accusé à tort
d'avoir déchaîné le fléau par l'empoisonnement
des puits. On ne se s'y souvient même plus des
bouges qui y foisonnaient encore de mon temps,
mêlant à la population des éléments turbulents,
qui compliquaient fort ma besogne. A leur place,
se sont édifiés des instituts (Pasteur), des lycées
(Buffon), des écoles, des bureaux de poste, qui
sont des monuments, des immeubles luxueux,
des squares, des statues (Falguière). Il reste bien

encore, çà et là, des coins minables, des nœuds de ruelles à nettoyer, mais tout est en passe de s'y civiliser, et s'il est présentement des snobs qui nourrissent toujours quelques-uns des préjugés d'antan à l'endroit de Vaugirard, et qui continuent à le considérer comme une région arriérée, une dépendance du pays de Béotie (d'où la Muse et les dieux ont détourné leur front) je me contenterai de leur rappeler que c'est là que fut fondée, en juillet 1902, la société des Poètes français, et qu'elle eut son siège primitif au nº 20 de la rue Robert-Fleury, où logeait, alors, M. Alcanter de Brahm.

IX

UN EXPLOIT DE LA BRIGADE MONDAINE

Parmi ses hôtes familiers, le commissariat du quartier Necker comptait deux agents de la brigade mondaine qui, logés dans les environs, avaient lié commerce d'amitié avec mes inspecteurs. Je ne les ai jamais entendu appeler autrement que La Réquimpette et Beaublond, le premier à cause de son éternelle redingote noire, le second à cause de son poil couleur de blé mûr et des agréments de sa personne, et c'est le nom que je leur laisserai au cours de ce récit pour qu'ils ne puissent s'en offusquer, au cas où il viendrait à leur tomber sous les yeux, s'il est vrai, comme on me l'assure, qu'ils vivent toujours. On ne les voyait jamais l'un sans l'autre. Le service les avait habitués à ne pas se quitter d'une semelle. L'administration n'aime guère à laisser ses agents subalternes opérer seuls. Elle les accouple à la façon des bœufs de labour ou, si vous préférez, des vers d'un distique. Mesure de sécurité pour elle, qui sait que la présence incessante d'un compagnon oppose un contrepoids nécessaire aux fantaisies trop libres d'un chacun. Mesure de sécurité pour les agents appelés, en cas d'alerte, à se prêter mutuel secours.

La brigade mondaine se composait d'un inspecteur principal, de deux sous-brigadiers et d'une quinzaine d'agents, triés sur le volet, parmi ceux qui avaient déjà fait preuve ailleurs de zèle et d'habileté, la fine fleur du panier. C'était une création de Puibaraud, jaloux d'étendre les réseaux de son système d'espionnage occulte jusque dans les plus hautes sphères de la société. Elle fonctionnait à la brigade des garnis, parce que c'était, des quatre brigades de Puibaraud, la plus propice à ce genre d'entreprises. La brigade des jeux avait un domaine trop strictement limité. La brigade des renseignements généraux et la brigade, dite des anarchistes, étaient trop exposées à la méfiance des partis. La Presse d'opposition avait l'œil sur elles. La brigade des garnis, au contraire, était considérée comme une brigade de tout repos, puisque ses occupations se réglementaient officiellement comme suit :

« Réception des déclarations des personnes ayant l'intention de tenir hôtel, maison, chambres ou appartements meublés. Enregistrement et délivrance des récépissés. Examen et transmission au Parquet des procès-verbaux pour infraction aux lois et ordonnances sur les logements loués en garnis ».

Une sorte de rouage mécanique, comme on voit. Rien de plus anodin en apparence. Rien de moins propre à inquiéter l'opinion. Puibaraud avait donc raison d'escompter l'indifférence publique pour faire de la brigade des garnis sa citadelle. Il y pouvait dresser impunément ses batteries dans l'ombre et, en cas de réclamations, il avait une excuse toute prête à faire valoir. S'occuper des garnis, même par simple mesure administrative, n'est-ce pas être logiquement amené à s'occuper de ce qui s'y loge? Or, tout passe dans les garnis, depuis les souverains en déplacement jusqu'aux plus humbles citoyens, les uns par nécessité, les autres par plaisir. Leurs murs voient se dérouler bien des mystères et leurs rideaux sont riches de secrets. Quelle tentation aussi pour Puibaraud de réaliser le rêve qui le hantait depuis longtemps!

La fameuse brigade spéciale des mœurs, la brigade Lombard, avait dû disparaître en 1879, à la suite d'une série de scandales, sous la révolte de la presse et de l'opinion. Ses attributions avaient été partagées entre le service de la sûreté, pour ce qui concernait la prostitution en chambre, et la police municipale, pour ce qui concernait le racolage sur la voie publique. Puibaraud brûlait de les rassembler, à nouveau, entre ses mains. Il n'osait le faire ouvertement par crainte de l'opinion. D'autre part, il ne se sentait pas les coudées franches avec des chefs de service ennemis de ses procédés d'inquisition. Cochefert, chef de la sûreté, était son subordonné, mais il savait lui opposer résistance à l'occasion et n'hésitait pas à répudier les louches besognes. Pour Touny, directeur de la police municipale, son honnêteté comme son indépendance étaient intangibles. Puibaraud imagina alors de reconstituer, en sous-main, l'ancienne brigade spéciale des mœurs avec la brigade des garnis, sans en souffler mot ni à la Sûreté, ni à la Police municipale, et, laissant ces dernières poursuivre leur œuvre d'épuration vulgaire, il se tailla la part du lion, en jetant son dévolu sur la haute prostitution, s'il est permis d'appliquer ce qualificatif à une chose d'essence aussi peu relevée, c'est-à-dire celle qui s'exerce dans les lieux de plaisir à la mode, les cabarets sélects, les palaces-hôtels, les fumeries d'opium et les maisons de rendez-vous. La brigade mondaine était tout indiquée pour ce genre de surveillance, mais à son propre préjudice, car elle ne tardera pas à s'y dévoyer. Créée d'abord pour rayonner sur tous les services, elle se verra réduite à se spécialiser dans la police des mœurs. Puibaraud comptait sur elle pour s'ouvrir les secrets de l'Elysée, des Ambassades, des Ministères, du Parlement, de la Presse et des Salons, elle ne lui livrera plus que des secrets d'alcôves et de cabinets particuliers. Il est vrai que, par le canal des mœurs, on a licence encore de s'introduire partout, mais, même dans ce domaine, la brigade mondaine allait voir, peu à peu, son pouvoir discrétionnaire s'émietter et son action paralysée. Au début, tout alla bien. M. Puibaraud y avait installé comme chef un

homme à son entière dévotion, M. F***. Ce F***
était un fin renard, en matière de police. Il avait
été commissaire en banlieue, où il s'était distingué, à l'époque du boulangisme, en fournissant
des armes au gouvernement pour discréditer le
général factieux. Ses révélations, lues en pleine
séance à la Chambre des députés, en avaient du
coup entamé la popularité. M. F*** semblait donc
destiné à une brillante carrière, mais, par malheur,
il avait recours, dans ses enquêtes, à des procédés
machiavéliques. Il soumettait les inculpés à la
question. Il forçait des innocents à s'avouer coupables. Le cas s'était produit pour une malheureuse domestique, accusée à tort de vol par ses
maîtres. La presse s'était emparée de l'incident.
Il s'en était suivi un scandale qui avait eu sa
répercussion jusqu'à la tribune du Parlement, y
détruisant l'effet de son premier rapport. Cela
rendait son maintien difficile dans les commissariats. La foudre allait s'abattre sur lui. Puibaraud intervint, qui, flairant là un précieux
auxiliaire, le tira de sa disgrâce pour en faire
sa créature et lui confia la direction de la brigade des garnis. Ce fut l'âge d'or pour elle et sa
filiale mondaine, qui purent impunément se
livrer à tous les empiètements. Il n'en fut plus
de même lorsque M. F*** dut passer la main. Il
fallait lui choisir un successeur parmi les commissaires de police de Paris qui, soucieux de légalité,
n'étaient pas tous disposés à se faire les séïdes de
Puibaraud. Le choix tomba sur M. Lespine, qui

s'employa, autant qu'il le put, à faire disparaître les mauvais errements de sa brigade. Il n'y demeurait plus trace d'abus après le passage de l'honnête M. Court, de sorte que, lorsqu'elle disparut, avec la brigade des garnis, lors de la réorganisation des services du centre, la brigade mondaine n'était plus que l'ombre d'elle-même. Le départ de Puibaraud lui avait porté le dernier coup. . Elle s'était transformée en un simple bureau, une agence passive de renseignements et de vérifications. Il ne lui restait plus guère, comme privilège, que celui d'assister son chef dans les descentes de police. Ce qui fonctionne aujourd'hui à la Préfecture de police, sous le nom de « brigade mondaine », n'a plus rien de commun avec celle dont je parle et qui, à ce moment, se ressentant encore de son impulsion première, pouvait toujours se prévaloir du titre de *Bataillon sacré*.

La Réquimpette en était l'un des plus illustres vétérans, Beaublond, la dernière recrue. Tous deux, serviteurs d'élite, rivalisaient d'application et de zèle, mais se montraient d'humeur aussi différente que le jour et la nuit.

La Réquimpette avait poussé sur le pavé de Paris. Fils d'ouvriers indigents, sitôt sorti de l'école, muni de son certificat d'études, on l'avait mis en apprentissage dans un atelier de typos. Il avait roulé de bonne heure, livré à lui-même, à travers la lie des faubourgs, sans s'y dévoyer jamais. Un fond d'honnêteté l'avait préservé des tentations du vice et de la misère. A 19 ans, il s'était engagé dans les zouaves d'Afrique, histoire de voir du pays. Il en avait rapporté les galons de sergent-major et la protection de son colonel, mais aussi une expérience de la vie qui ne laissait place à aucun préjugé. Trop instruit de tout pour s'étonner de rien, il s'amusait du spectacle des vices plus qu'il ne s'en scandalisait, ce qui ne veut pas dire qu'il négligeât son métier, mais il l'accomplissait en homme conscient de la nécessité de faire la part du feu. Bien que marié, sérieux et attentif aux soins du ménage, il ne posait pas à l'ascète et ne détestait pas, par-ci, par-là, un coup de rigolade. Il s'insinuait partout avec son entrain jovial de Parisien. La société des jolies femmes, mêmes décriées, ne lui était pas désagréable, et faire jaser les malandrins, en leur payant à boire, s'insinuer dans leur confiance en empruntant leur jargon et leurs manières, constituait l'une de ses distractions favorites. « Il y a temps pour tout », disait-il et bien malin qui se fût avisé de le vouloir prendre en faute tant il savait jalousement départager ses devoirs et ses plaisirs.

Beaublond sortait de son village, où il avait contracté une rigidité de mœurs provinciales. Ce n'est pas son passage au régiment, dans un trou de garnison, qui avait pu le dégourdir. Il y était arrivé déjà marié, sur le point d'être père, avec des soucis de famille en tête, et il en avait été vite rappelé par la mort de son père, comme soutien de veuve. Il n'était dénué ni d'intelligence, ni de quelque savoir. Il avait reçu une bonne instruction primaire, grâce à l'obligeance du petit châtelain chez qui ses parents étaient employés en qualité de métayers. Il avait même pris des éléments de latin de son curé qui, ravi de ses heureuses dispositions, offrait de lui faire poursuivre ses études au séminaire, mais il ne se sentait pas la vocation, et cela l'eût mené trop loin. Sa présence était indispensable à la maison pour aider aux soins de la culture et du bétail. Il se destinait aux travaux des champs. La mort de son père était venue tout déranger. C'est alors que sur les conseils de sa mère, qui rêvait d'en faire un monsieur de la ville, il avait sollicité et obtenu par l'entremise du châtelain, électeur influent, ami du député de l'endroit, un poste d'inspecteur à la préfecture de police. Il était venu s'installer à Paris, sitôt sa nomination reçue, avec sa femme et ses deux enfants, sans rien soupçonner de sa corruption. Il avait d'abord été attaché à la Sûreté, où il s'était mérité l'estime de ses chefs. C'est sur les conseils et la recommandation de La Réquimpette, son voisin de palier, qu'il était entré à la brigade des garnis, puis à la brigade mondaine, au casuel plus élevé. Il s'y sentait moins à l'aise. La haine que lui inspiraient les malfaiteurs de droit commun lui faisait prendre plaisir à les traquer, mais il ne pouvait s'acclimater à l'atmosphère de la débauche. Il affrontait volontiers les mau-

vais lieux, s'il s'agissait de boucler la *poisse*,
mais s'y attabler, sans nécessité urgente ou but
de répression immédiate, lui semblait faire acte
de déchéance, et se mêler, par frime, à leur clientèle tarée, comme s'y employait volontiers La
Réquimpette, lui semblait faire acte de complicité. Le voisinage d'une prostituée lui devenait
alors une gêne, et le contact des individus que
son brigadier appelait pour se donner les gants
d'homme à la page, « aberrés passionnels », un
supplice intolérable. Et c'était moins par souci
conscient de respect humain qu'il s'offensait de
leur perversion, que par une sorte de réflexe
nerveux, que l'on serait tenté de qualifier de
maladif, s'il ne témoignait d'une rare délicatesse
de nature et de saines dispositions morales reçues
au berceau, fruit d'une longue hérédité, somme
toute, à l'éloge de notre race terrienne et dignes
de respect.

Le service n'avait pas à souffrir de leur opposition d'humeurs, mais il s'en suivait, entre eux,
de fréquentes petites piques dont mon personnel s'amusait, et qu'il s'employait même à provoquer, quand l'absence du public, au commissariat, lui en laissait le loisir. Petites piques dont
l'aigreur se dépensait en paroles, sans entamer
le fond d'affection qu'ils s'étaient réciproque-
ment vouée, ni altérer les liens de leur commerce
privé. Pourtant, un jour, le ton de la querelle
s'éleva. L'écho m'en parvint jusque dans mon
cabinet, où je travaillais, la porte ouverte,

Le Réquimpette disait à Beaublond :

— Tu es toujours à te plaindre du service. La place est bonne pourtant. T'es bien frusqué. Tu fréquentes du beau monde. Tu n'es plus exposé aux courants d'air, ni au *surin* et au *rigolo* des apaches comme à la *voie publique*[1]. Que te faut-il de plus?

— Ce n'est pas du service que je me plains, répondait Beaublond, mais de ta façon de le comprendre. Négligeant le gros gibier, tu as toujours le nez fourré dans un tas de sales affaires qui me répugnent. Tu as toujours en poche une dénonciation visant un « canapé » ou une maison de rendez-vous. Tu y provoques les surveillances. Il me faut bien t'y suivre, puisque tu es l'aîné et que tu commandes, et tu sais que ça m'écœure. On dirait que tu as juré de me dégoûter du métier.

— N'exagère pas!

— Je n'exagère pas. Souviens-toi de la maison de Neuilly.

— La maison des supplices?

— Oui, cette maison, où il se passait des orgies dont tu n'as pas rougi de me rendre témoin.

— Par ordre. La Boîte[2] voulait savoir ce qui se fabriquait là-dedans.

— Elle n'avait qu'à y faire une descente.

— Triple ballot! Penses-tu que la Boîte s'avise

1. Section de la Sûreté à laquelle avait appartenu Beaublond précédemment.
2. La Préfecture de Police.

d'opérer une descente dans un bocard de cette acabit sans s'être entourée des précautions nécessaires, sans savoir si elle ne va pas tomber sur une altesse étrangère, au risque de soulever des complications diplomatiques, ou sur une grosse légume du Parlement, au risque de déchaîner un raffût de tous les diables et d'entraîner la disgrâce du préfet? Ce n'est jamais à l'aveuglette que la Boîte donne ses coups de torchon.

— Ça regardait les « mœurs » (*Sûreté*).

— Allais-tu leur laisser le bénéfice de cette affaire quand nous avions l'occasion de nous faire valoir en prenant avantage sur eux? Imagines-tu que j'allais leur passer ma « combine » et mes « tuyaux »?

— La Boîte a ses indicateurs...

—... qui n'auraient pu lui servir dans la circonstance. Une sorte de club fermé, où l'on n'était admis que sur présentation, comme nous le fûmes par cette bonne poire moscovite de comte Machin, et trop nouvellement organisé pour que des fuites aient eu le temps de se produire.

— La Boîte avait toujours la ressource de convoquer la tenancière et de la mettre en demeure de cracher, soit par force ou persuasion.

— Je t'écoute! Une baronne ruinée, mais authentique, installée dans la forteresse de son hôtel particulier. Tu as vu comme c'était cadenassé. Elle aurait crié à la calomnie, à la persécution. Elle aurait ameuté toutes ses connaissances et relations et, comme elle avait le bras long, la Boîte, prise à partie, aurait dû, en l'absence de preuves, baisser pavillon et s'en mordre les doigts.

— N'empêche que, par ta faute, il m'a fallu assister à une scène de flagellation.

— Tu n'en as pas perdu la vue.

— Et y jouer le rôle de flagellant.

— Aurais-tu préféré celui de flagellé?

— Et le jouer, nu comme ver.

— Selon la règle de la maison. Ç'eût été donner l'éveil que de ne pas s'y conformer. D'ailleurs ça ne t'a pas coûté beaucoup plus qu'à la visite médicale, et tu agis de même, sans t'en formaliser, tous les dimanches matin, à la piscine Rochechouart.

— Ça m'a révolté.

— Tu n'avais qu'à passer ta fureur à ton martinet, et taper dur comme fer, ainsi que je l'ai fait. Je t'assure que ceux que j'ai étrillés en ont porté longtemps les marques.

— J'y avais bien pensé, mais j'ai réfléchi que ça leur ferait peut-être plaisir, et ça m'a découragé.

— Ah!... Et ça t'a découragé aussi de recevoir les félicitations du chef et une gratification de cinquante balles?

— Comment! fit mon garçon de bureau, Noblet, loustic à ses heures, c'est pour avoir exhibé vos anatomies en société et fait l'office de pères fouettards, qu'on vous a félicités et gratifiés.

— Non! dit La Réquimpette, mais pour avoir rapporté de notre équipée des renseignements utiles et une liste d'affiliés. J'avais pu mettre des noms sur plusieurs visages. J'en avais appris d'autres en tirant les vers du nez de la patronne, qui n'avait aucune raison de se méfler de nous. Inutile de vous dire que ce n'était pas de la petite bière. Ça se conçoit. Un établissement d'où l'on ne se tirait pas, à chaque visite, à moins de cinq louis! Il y avait là, entre autres, un gros bonnet dont je ne vous dirai pas le nom, car, chez nous, la discrétion est de rigueur, mais j'imagine la tête du commissaire de police se cassant le nez sur l'individu au cours d'une descente. Quel coup pour la fanfare! Le commissaire aurait pu dire qu'il était tombé sur un bec de gaz. Il en aurait gardé les foies pour le reste de ses jours.

— Bon, c'est entendu, feignait de consentir Beaublond, toi seul, à la Boîte, étais capable de percer les mystères de la maison de Neuilly, mais vas-tu te prétendre indispensable pour l'édifier sur ce qui se passe dans tant d'établissements ouverts à tout venant, comme ce café de la rue Roy [1], d'où, la semaine dernière, nous n'avons pas démarré de trois jours?

— La consigne était de nous y tenir en permanence, en prévision de la visite éventuelle du grand-duc Chose, de passage à Paris. C'était une

1. Aujourd'hui disparu, ou du moins changé de mains, et depuis longtemps rendu à une clientèle normale.

mesure de protection occulte à son égard.

— Je n'en ai pas moins subi pendant trois jours la familiarité de sa clientèle spéciale et tes reproches même — ce qui est un comble! — de ne pas vouloir en prendre l'air.

— Il faut savoir hurler avec les loups et s'adapter aux milieux que l'on surveille. Je veux te rendre le cœur solide et le pied marin. Que de fois ai-je dû intervenir pour t'empêcher de commettre un esclandre et nous brûler! Vois-tu, mon bleu, ce qui te manque encore, c'est l'expérience et le sang-froid. Il faut prendre les choses comme elles sont. Le vice existe. Il a toujours existé. Il existera toujours. La tâche de la police n'est pas de le supprimer, puisque c'est impossible, mais de le canaliser et de le faire rentrer dans son auge, chaque fois qu'il fait mine de relever la tête. Il ne faut pas te laisser monter le job par des boniments de sacristain. Tu fais consister la vertu en futilités. Ce n'est pas de la vertu que d'avoir des crises de nerfs au spectacle de la corruption et de la débauche que nous avons mission de réprimer. Que dirais-tu d'un soldat qui s'évanouirait devant un bastion qu'il s'agit d'emporter? On s'y crotte, on s'y enlise, parfois, dans la boue, et on s'y salit les mains, c'est entendu, mais nous n'en avons que plus de mérite à faire au bien public le sacrifice de nos répugnances. C'est en cela que tu dois faire consister la vertu. Il n'est pas de compromissions dont tu ne sois absous d'avance, si tu t'y es engagé par esprit de discipline et d'abnégation. Il n'y a pas de déchéance possible pour un homme animé d'intentions pures. Souviens-toi de ce que nous a dit le chef : « Sous quelque couleur qu'il se présente, on ne se déshonore jamais à faire son devoir. »

Néanmoins, Beaublond n'arrivait pas à calmer les scrupules de sa conscience. Excédé de ces promiscuités qui lui semblaient dégradantes, surtout à cause des ménagements imposés, il en était venu à solliciter son changement de poste, et comme on faisait la sourde oreille à sa requête, il m'avait prié d'intervenir en haut lieu pour lui faire obtenir satisfaction. La chose était assez délicate. Je ne pouvais faire valoir en sa faveur que des arguments de nature à éveiller la susceptibilité de ses chefs et contenant un blâme implicite à leur adresse. J'aurais eu l'air de m'élever contre des pratiques qu'ils estimaient légitimes, ou sur lesquelles ils étaient décidés à fermer les yeux. Et puis, comment ne pas s'égayer des scrupules de Beaublond? Il fallait un sot de poète, comme moi, pour y compatir. Que nous voulait cet agent avec sa pruderie ridicule? Joli prétexte à chansons et à couplets de revue. Tout Paris aurait été pris d'un fou-rire. Que diable! on ne fait pas d'omelettes sans casser des œufs. Qui veut la fin veut les moyens.

Le hasard m'ayant, à quelques jours de là, mis en présence de son brigadier, je m'avisai de le tâter à ce sujet. Il m'interrompit aussitôt avec vivacité :

— Ne parlez pas de cela au Chef. Vous iriez au-devant d'un refus. Nous priver de Beaublond, c'est comme si vous nous demandiez de nous lier bras et jambes.

— Pourtant, fis-je, au risque de calomnier l'homme, quel zèle pouvez-vous espérer d'un agent qui ne fait son métier qu'à contre-cœur.

— Pour faire de la bonne besogne, il lui suffit d'être là, et d'opérer sous l'égide de la Réquimpette. Vous n'ignorez pas le rôle délicat de nos agents. Il faut qu'ils puissent se glisser dans les milieux les plus élégants et y donner l'illusion d'hommes du monde, ce qui est d'autant plus difficile que nous ne les recrutons pas parmi les bacheliers, et qu'ils ont affaire à une clientèle particulièrement fine et avisée. Un mot malencontreux, un geste involontaire, un rien, suffirait à les trahir. Or, Beaublond est peut-être le seul qui nous donne toute satisfaction sous ce rapport. Il n'a pas à se composer une attitude. Il lui suffit de rester lui-même. Il ne sent pas le « roussin ». Je ne sais où ce gaillard-là a pêché sa distinction naturelle. Ce n'est pourtant qu'un paysan. Il faut qu'on me l'ait changé en nourrice ou que sa mère, en condition chez un châtelain, se soit oubliée dans les bras d'un grand seigneur. Il en a le port et la mine. Et il est beau, plus qu'il n'est permis de l'être, à un homme, l'animal ! ce qui endort les soupçons et éveille la sympathie autour de lui.

— Pourtant, fis-je, toujours décidé à plaider

sa cause, même au mépris de la vérité, il n'est pas plus instruit que ses collègues et son langage n'est pas plus châtié.

— Si ! et il sait se taire à l'occasion, ce qui est un privilège énorme. Et croyez-vous que les gens du monde, dans la conversation courante, ne lâchent que des perles? J'ai entendu, l'autre soir, de mes propres oreilles, le prince de Sagan, au Pavillon d'Armenonville, quitter une société choisie en lui criant : « A la revoyure! »

Je ne pouvais rapporter, telle quelle, cette conversation à Beaublond. Je me contentai de lui dire qu'il s'était rendu indispensable à la brigade par ses bons et loyaux services, mais le vrai motif de son maintien dut lui revenir par une autre voie, car je l'entendis bientôt se désoler de n'être pas né « hors d'équerre » (1) ou « berlo » (2). Et je songeais à l'aventure de Spurina dont nous parle Montaigne, ce jeune homme toscan d'une beauté si « excessive » et d'une vertu si farouche que, las d'incendier les cœurs et d'être importuné de sollicitations auxquelles il ne pouvait répondre, il en vint à se considérer comme un objet de scandale et à se taillader le visage dans un accès de désespoir. Je ne craignais pas que Beaublond recourût à cette extrémité, mais je craignais qu'il ne cédât, comme il en manifestait l'intention, à l'idée de donner sa démission, au risque de perdre ses droits déjà acquis à la retraite

1. Bossu.
2. Louche.

et de compromettre le repos et la tranquillité des
siens.

Je ne pouvais que l'exhorter à la patience et
le réconforter par de bonnes paroles, et puisqu'il
avait pris l'air du latin, je lui citais souvent
l'adage gnostique : *Non scientia mali sed usus
damnat*, dont je l'invitais à faire sa devise. Hélas!
je ne savais pas qu'il était sur le point de subir la
pire de ses épreuves, celle dont, avec ses nerfs de
sensitive, il allait s'estimer marqué, pour la vie,
d'une flétrissure indélébile. Voici.

* *
* *

Un grand personnage, l'un des plus considé-
rables de l'Etat, et le plus athénien, allait convo-
ler en justes noces. La cérémonie menaçait d'être
troublée par une femme méchante, avec qui il
avait contracté, jadis, une courte liaison de jeunesse, et qui n'avait cessé depuis lors de l'impor-
tuner de demandes d'argent, auxquelles il avait
fini par ne plus répondre. C'était une éventualité
fâcheuse, à quoi la Préfecture de police, avisée,
se devait de parer, non sans quelque ménagement
car elle ne pouvait user de la matière forte. Rien
n'eût été plus aisé que de coffrer la dame, roulée
à la galanterie, et devenue justiciable du 2e bureau, mais c'eût été faire crier la presse ennemie.
On n'aurait évité un scandale que pour tomber
dans un pire. Il fut décidé que l'on ferait appel à
La Réquimpette et à Beaublond, dont les vertus

conjuguées offraient les meilleures chances de succès. On leur donna carte blanche d'agir à leur guise, après les avoir munis du viatique nécessaire, c'est-à-dire d'une somme d'argent suffisante, car le grand personnage, dont l'honneur était en jeu, sachant qu'en pareil cas la lésine est une maladresse, avait mis, sans marchander, sa bourse à leur disposition. Qu'allaient-ils faire? Ils n'en savaient rien eux-mêmes. Ils s'inspireraient des circonstances. Ils sentaient bien, toutefois, qu'il ne pouvait s'agir de composer avec la donzelle ni de l'amadouer à prix d'argent, car le dépit, la rancune, le désir de mal faire et la gloriole de se mettre en évidence, avaient plus de part encore dans sa résolution que la cupidité, et le plus urgent était de mettre la main dessus, car ils n'avaient jamais eu affaire à elle. La dame leur était inconnue, ainsi que sa présente adresse qu'elle avait jugé prudent de dissimuler, mais ils avaient en mains sa photographie et son signalement, et ne furent pas longs à s'instruire des établissements qu'elle fréquentait, de jour et de nuit. Ils ne réussirent toutefois à la dénicher que la veille du mariage. Ce jour-là, ils s'étaient mis, séparément de bon matin, à sa recherche. C'est La Réquimpette qui la découvrit, le premier, aux approches de midi, dégustant son apéritif à la terrasse d'un café de la rue des Martyrs. Elle était déjà sous les armes, sanglée, plâtrée, emplumée comme un cheval de corbillard. Elle était loin de sa première jeunesse. Elle avait pu être belle autrefois. Il ne lui restait plus, pour aguicher les passants, que l'éclat de sa bijouterie et l'opulence de son harnais. Une décrépitude précoce, accélérée par la fatigue des nuits blanches, accentuait les rides de son visage, creusées, sous le fard, en ornières de charroi. Il n'y vivait plus que la flamme rusée du regard. Mais eût-elle été pire encore que La Réquimpette n'aurait pas mis moins d'empressement à s'installer à la table voisine et n'aurait pas grillé du désir moins vif de ñouer connaissance. Il n'oublia pas d'ouvrir, devant elle, sous un vain prétexte, son porte-feuille bourré de billets bleus, estimant qu'il ne pouvait y avoir de meilleure entrée en matière, puis il se mit à lui décocher, comme à la dérobée, des œillades suppliantes. La vieille, depuis longtemps réduite à solliciter les hommages, parut flattée de cette invite spontanée. Elle y répondit comme il convenait. La glace était bientôt rompue et les chaises rapprochées. La Réquimpette, expert en boniments, mena rondement les choses. Il proposa un déjeuner et une partie de campagne.

— Soit ! dit la dame, mais pas trop loin, car je ne suis pas libre demain, je vous en préviens. Je dois passer la journée au chevet d'une parente malade. Les devoirs de famille, vous comprenez, c'est sacré.

— A un jour près, ça peut se remettre, insistait l'homme. Ça serait si joli d'aller, comme en voyage de noces, cacher son bonheur, quelque part, loin de Paris. On aurait l'air de deux tourtereaux. Quelles délices! La nature... les grands bois... les fleurs... les étoiles!...

Le matois avait beau déployer les ressources de son éloquence, la dame persistait à se dérober : « Après-demain si vous voulez! » et La Réquimpette sentait croître une inquiétude, lorsque Beaublond parut. Passant, le nez au vent, il les avait aperçus de loin, et venait droit à eux.

— Tiens! ce cher ami, s'écria La Réquimpette, jouant la surprise..., ça, c'est une veine, par exemple! Tu vois, je suis en bombe. Ça ne fait rien, tu n'es pas de trop... Tu peux t'asseoir, n'est-ce pas, madame?

— Mais certainement, dit la dame, plus on est de fous, plus on rit.

Mais la dame ne riait plus. Au seul aspect de Beaublond, son visage avait changé. Quel splendide gaillard! Le charme de sa personne avait, d'emblée, opéré sur elle. Elle en était remuée jusqu'aux moelles, et, puisqu'il se disait libre et qu'il acceptait d'être de la partie, elle sentit fléchir son obstination.

Après un déjeuner, fortement arrosé de champagne et de liqueurs, à l'hôtel *Terminus* de la gare Saint-Lazare, elle acceptait de prendre le train en compagnie de ses deux cavaliers, sans même demander où l'on allait. Elle aurait suivi Beaublond jusqu'au bout du monde. Et parce que Beaublond, que son collègue ne cessait de remonter en lui soufflant à l'écart : « Fais donc l'aimable, espèce de gourde! » avait des attentions pour elle, le voyage lui parut court. Elle se croyait encore dans la banlieue de Paris, à la descente du train. Elle s'étonna de trouver une ville, des rues pleines de foule, des mâts, un bassin, la mer. C'était Le Havre. Aussi bien, peu lui importait, puisqu'elle s'y promenait au bras de Beaublond et qu'elle en respirait la jeunesse et la santé.

— Il est très chic, votre ami, confiait-elle à la Réquimpette.

— Je vous crois! un fils de famille galetteux, et une primeur!

— Pas possible! vous vous moquez.

— Aussi vrai que je vous le dis. Vous ne voyez donc pas comme il est gauche avec les dames?

Mais, tandis que la dame exulte, La Réquimpette s'assombrit. Maintenant que la nécessité de brusquer les choses le presse moins, et qu'un premier succès lui a permis de reprendre haleine, il envisage la situation de sang-froid. Un point noir subsiste à l'horizon. Un revirement de la dame est toujours possible. Le Havre n'est pas si loin de Paris. Il n'a qu'un seul atout sérieux dans son jeu, mais qui risque de lui claquer dans la main, c'est Beaublond. Ah! si ce dernier voulait! Profitant d'un moment où ils se trouvent seuls au café, tandis que la dame répare au lavabo le désordre de sa coiffure, il lui en glisse un mot à l'oreille. Beaublond se récrie :

— Jamais de la vie, par exemple!

— Tu n'es donc pas un homme?

— Pas dans le sens où tu l'entends. Me colleter avec la Pègre, ça me connaît. Je l'ai prouvé à la *voie publique*, mais paillarder à la flan, ça n'est pas dans mes cordes. C'est déjà trop de me laisser aller à sourire à cette vieille gaupe, quand la bouche me démange de lui dire ses vérités. Le reste te regarde. C'est d'ailleurs convenu entre nous.

— Je ne m'en dédis pas, mais c'est toi qu'elle veut. Ça crève les yeux. C'est pour toi seul qu'elle est venue jusqu'ici. Toi seul es capable de la retenir. Si elle se voit contrainte de passer la nuit en ma compagnie, elle en éprouvera une déception. Elle est fichue de nous plaquer, de colère, demain matin, pour regagner Pantruche. Songe que les rapides rappliquent en moins de quatre heures à la gare Saint-Lazare, d'où l'église Saint-Germain-des-Prés n'est pas si loin que la rombière n'ait le temps d'y paraître au début de la cérémonie. Et alors, c'est la pagaie !

— Il fallait la mener plus loin.

— Oui, si c'était à refaire, mais le vin est tiré, il faut le boire.

— Tant pis !... Arrange-toi. Je m'en lave les mains.

— Voyons, mon petit Beaublond, sois raisonnable et comprend les choses. Nous sommes chargés d'une mission importante et, comme qui dirait, diplomatique. Le grand patron a mis sa confiance en nous. Il y va de notre situation. Songe à ton avenir, à ton pain, à celui de ta femme et de tes enfants. Tu ne vas pas nous faire échouer au port pour une bagatelle.

— Tu appelles ça une « bagatelle »!

— Oui, une bagatelle... et, après tout, tu commences à me faire suer avec tes giries de sainte Nitouche. Tu me fais honte. Tu déshonores la brigade. Ce n'est pas seulement le grand patron qui t'a fait l'insigne honneur de mettre sa confiance en toi. C'est le gouvernement de la République. Tu as à défendre la réputation de l'un des premiers magistrats de l'Etat, et tu flanches! Tu canes comme une poule mouillée. Heureusement, je suis là. N'oublie pas qu'en ma qualité d'ancien j'ai le droit de commander.

— Si c'est ma démission que tu veux, dis-le tout de suite. Je te la donne!

— Tu es fou, mon pauvre pote! Ta démission! mais tu n'es plus libre de la donner. Démissionner en pleine action, c'est déserter, c'est trahir. Et réfléchis un peu à ce qui arriverait par ta faute. Tu laisserais éclater un scandale à grand orchestre, un scandale qui risquerait d'ébranler l'Etat, puisqu'il fournirait des armes aux *anarchos*, aux sans-patrie, à tous les chambardeurs de la Société, un scandale qui serait exploité, à l'étranger, par tous les ennemis de la France, et dont ils triompheraient. Et quand des milliers de braves gars sont prêts à sacrifier leur vie pour l'honneur du drapeau, toi, pour la même cause, tu refuserais de faire un geste! que dis-je?... un geste? Pas même... le simulacre d'un geste, car personne ne te force à y aller franc-jeu avec la dame, mais de la tenir en haleine un temps suffisant pour la mettre hors d'état de nuire. Elle ne te prendra pas de force, après tout. Ruse, ajourne, fais du « chiqué », jusqu'au moment de lui tirer ta révérence, demain matin, après le départ du rapide de neuf heures. Ce n'est pas au-dessus de tes forces. Des Saints ont fait pire qui n'y ont pas perdu leur auréole.

La sueur perlait au front de Beaublond, tant que La Réquimpette en eut pitié.

— Ecoute, frérot, tu me fais de la peine. Allume une cigarette et remets-toi. Je veux bien te faire une dernière concession. Coupons la poire en deux. Prenons le sort pour arbitre. Jouons l'affaire en cinq sec, à l'écarté. Le perdant s'appuiera la corvée. J'avoue que c'en est une, mais le Devoir avant tout. Si tu perds — vois comme je suis bon zigue! — j'essaierai de te sauver la mise encore un dernier coup. Je ne ferai appel à toi que si je sens la partie compromise, mais, alors, sans dérobade ni réclamations possibles de ta part. Le sort l'aura voulu. C'est dit?...

— Soit! fit Beaublond.

Ils se firent apporter un jeu de cartes, et c'est Beaublond qui perdit.

*
* *

J'étais avisé de la mission des deux lascars. La lecture des journaux, relatant les détails de la cérémonie du mariage déroulée sans incident, m'apprit qu'elle avait réussi, mais je devais attendre leur retour pour en connaître, de leur bouche, les péripéties et l'étendue du sacrifice de Beaublond. C'est lui qui s'était « appuyé la corvée ».

On imagine aisément qu'il en rapportait un cœur aigri et une conscience bourrelée de remords, car, pour comble de fatalité, la ruse ne lui avait servi de rien. Il avait eu beau jouer de tous les prétextes, alléguer la fatigue du voyage, un malaise subit, la goule vorace, par une attaque brusquée, dans l'engourdissement du premier sommeil, avait réussi à triompher de lui. « Elle m'a eu, la coquine! m'avouait-il, avec un geste de violent désespoir. Aussi avais-je la tête lourde et les idées brouillées, car pour gagner du temps et reculer l'échéance, nous avions traîné jusqu'à deux heures du matin dans les cafés de la Ville, et, si attentionné que je fusse à boire modérément, il avait bien fallu me départir de ma sobriété habituelle. Le ciel m'est témoin pourtant que je ne méritais pas un tel affront! Je ne m'en relèverai jamais. Me voilà un homme désemparé. Comment oserais-je, désormais, embrasser ma femme et mes enfants sans rougir? Je suis plus résolu que jamais à démissionner. »

— Dites, à vous jeter aux aventures. A quoi bon? Ce serait trop tard maintenant, puisque le coup est fait. Récriminer ne sert de rien. Après tout, ce n'est qu'un accident, comme il en arrive dans la vie, aux plus honnêtes gens, qui ne s'en estiment pas déshonorés pour cela, sans même avoir l'excuse du Devoir. C'est l'intention qui fait le crime. N'y pensez plus que pour escompter la récompense méritée.

La récompense ne se fit pas attendre.

Puibaraud, manœuvrier de police retors, avait du moins le mérite d'être franc et carré, dans le privé, avec son personnel. Il ne mâchait pas le blâme, mais il ne mâchait pas non plus l'éloge, et savait généreusement récompenser les services rendus. Il fit venir La Réquimpette et Beaublond et les félicita de leur coup de maître. Il leur tint le langage de Napoléon à ses grenadiers : « Soldats! je suis content de vous! » Il regrettait de ne pouvoir, à cause de leur situation modeste, leur faire décerner l'étoile des braves. Il décerna les galons de sous-brigadier à La Réquimpette. Il ne le pouvait à Beaublond, trop jeune de service, mais il l'invita à lui désigner, parmi les mesures de faveur possibles, celle qui lui serait le plus agréable.

— Changer de service, Monsieur le Directeur, dit Beaublond.

— Changer de service! s'étonna Puibaraud, avez-vous donc à vous plaindre de vos chefs?

— Non!.... mais...

— Mais... quoi?...

Beaublond, intimidé, ne sachant comment formuler ses griefs sans mécontenter le maître, se taisait. La Réquimpette intervint par charité.

— C'est que... je vais vous dire, Monsieur le Directeur, Beaublond, c'est une « demoiselle ».

— Comment une « demoiselle »?... avec une carrure d'athlète comme la sienne? Il est marié, père de famille. J'ai là, sous les yeux, ses états de service. Ses notes le montrent plein de virile endurance et d'énergie. Il a accompli des actes de courage à la Sûreté, et je suppose que ce n'est pas comme « demoiselle » qu'il a mené à bien l'affaire du Havre.

— Quand je dis une « demoiselle » reprit La Réquimpette, c'est une façon de parler. Je veux dire qu'il est pudibond et n'aime pas à se mêler des affaires de...

La Réquimpette allait lâcher le mot tout de go. Il se ravisa à temps, cherchant un euphémisme. Puibaraud, qui n'y allait pas par quatre chemins, acheva crûment : les affaires de *cœur*...

— Je n'osais pas le dire, Monsieur le Directeur, c'est cela même. Sa pudeur s'en offusque, et l'affaire du Havre est la goutte d'eau qui a fait déborder le vase.

La face ronde de Puibaraud s'épanouit, subitement.

— Un agent vierge! s'écria-t-il. L'espèce en serait rare. Dommage qu'il ne le soit pas tout à fait, ce serait notre agent-mascotte.

Et il se mit à rire à gorge déployée, car ce tigre riait.

— Mais, reprit-il au bout d'un instant, je ne vois pas trop dans quel service il serait assuré de ne pas redonner du nez dans cette sorte d'affaires puisque c'est, en matière de police, le fonds qui manque le moins. Même au service de l'identité judiciaire, sa pudeur serait exposée aux accrocs. Il aurait à mensurer des gens tout nus.

— Je retournerais volontiers à la Sûreté, dit Beaublond.

— Ce serait lui faire un trop joli cadeau, répondit Puibaraud, laissant percer son aigreur à l'endroit d'un service dont le Chef savait lui tenir tête. Puisque j'ai mis la main sur une perle, je la garde. En feuilletant votre dossier ,Beaublond, j'ai constaté la belle écriture et la rédaction aisée de vos rapports. Vous feriez un excellent agent secrétaire. Puisque je vous dois une récompense, vous serez désormais attaché à ce titre à mon cabinet. Une vacance vient précisément de s'y produire. Vous y pourrez vivre en vierge et vous n'y serez plus martyr.

— Vous voyez, dis-je à Beaublond, lorsqu'il m'en apporta la nouvelle, que j'avais raison de vous incliner à la patience. Tout vient à point à qui sait attendre.

Et le brave garçon était inondé d'une telle joie qu'il ne trouva à me répondre que ces mots : « Ah ! monsieur le Commissaire,... enfin,... je respire ! »

———————

X

MON AMI LEWISS

Je n'ai pas connu que des gens célèbres ou destinés à le devenir, mais il n'est si petite compagnie dont le Sage ne puisse tirer profit. Pour qui sait observer, la vie de César n'est pas plus riche d'enseignements que celle de son dernier palefrenier : « Empérière ou populaire, comme dit Montaigne, c'est toujours une vie que tous accidents humains concernent ». Et de tous les gens de mon entourage, il n'en est pas que j'aie regardé vivre plus curieusement que mon ami Charles Lewiss.

Lewiss était un juif, né à Strasbourg, avant l'annexion. Ses parents, ayant opté pour la France, après le traité de Francfort, étaient venus s'installer à Paris avec leurs trois garçons. Charles était le cadet. Il avait appartenu à la Préfecture de Police, comme secrétaire des commissariats, mais las de gains dérisoires et d'un avancement trop lent, il avait démissionné pour tâter du négoce, à l'exemple de ses frères. Armé de l'intelligence pratique de sa race, il devait y réussir. Lorsque je fis sa connaissance, en 1886, il dirigeait, aidé de deux commis et d'un employé comptable, un commerce de papeterie en gros, assez prospère, dans le Xe arrondissement. Je venais d'y être nommé secrétaire suppléant. Il se trouvait donc mon administré. Il fournissait le bureau de ficelle et de cartons de scellés. Ainsi se nouèrent des relations de service, qui n'allaient pas tarder, en dépit d'une différence d'âge assez sensible (il était mon aîné d'une quinzaine d'années) à prendre couleur de camaraderie. Bien que frisant la quarantaine, ce qui est, au style du monde, l'âge de faire une fin, Lewiss s'obstinait à rester garçon. Il prenait ses repas au dehors, frayait, au café, avec la jeunesse, et noctambulait volontiers, toujours en quête d'amusements et de distractions foraines. J'aimais sa compagnie, parce qu'il était d'humeur facile et enjouée, et qu'en sa qualité d'Alsacien, il parlait couramment l'allemand, que j'avais étudié au lycée, sans grand profit, tant les méthodes d'enseignement des langues vivantes y étaient défectueuses de mon temps, et je brûlais de m'y perfectionner. Lui, n'était pas moins empressé à rechercher ma société qui lui rendait, avec l'atmosphère et le monde des commissariats qu'il avait traversés, l'image de sa jeunesse, et qui lui donnait accès libre dans les salles de spectacle, soumises à ma juridiction [1], car

1. Le Xe arrondissement était à ce point de vue privilégié puisqu'il comprenait les théâtres du *Gymnase*, des *Menus-*

il était de ces parisiens (je parle de l'époque d'avant-guerre, où les billets de faveur, exonérés de toute redevance, conféraient un droit de gratuité absolue) qui se seraient crus déshonorés de payer leur place au théâtre, et qui préféraient dépenser cinq louis à se ménager, en dîners et en bons offices, la complaisance d'un contrôleur, plutôt que de prendre, au guichet, la file des spectateurs payants et de sacrifier cent sous — tarif moyen — à la location d'un fauteuil.

Lewiss était un excellent camarade, obligeant et discret, mais c'était aussi, un original fieffé et je me divertissais, comme à la comédie, de ses petits travers. D'un snobisme solidement amarré, il ne prenait ses goûts que de la mode, et ses opinions que de son journal (*Le Temps*). Etranger à la littérature, il eut rougi d'ignorer la pièce ou le roman en vogue. Il ne prenait au sérieux que les écrivains fournis de l'estampille officielle, ceux de l'Académie française et de la *Revue des Deux-Mondes*. Il aimait à se frotter aux gens du bel air. La mode réglait jusqu'à ses plaisirs

Il ne comprenait pas grand'chose à la musique ni à la peinture, mais il fréquentait les concerts Colonne et courait au vernissage des Salons et des Expositions particulières. En dépit de sa con-

---

Plaisirs, de la *Renaissance*, de la *Porte Saint-Martin*, des *Folies-Dramatiques*, de l'*Ambigu*, sans compter la *Scala*, l'*Eldorado*, le *Concert Parisien* (aujourd'hui concert Mayol) l'*Alhambra* du faubourg du Temple (rien de commun avec l'actuel *Alhambra* de la rue de Malte) et nombre de beuglants, boîtes de nuit, et cabarets, dits artistiques, disparus depuis.

fession juive, il suivait assidûment la retraite de
la semaine sainte à Notre-Dame, parce que le
monde élégant s'y portait aux sermons du père
Montsabré. On le voyait, de même, les jours de
fêtes carillonnées, assister aux messes chantées
de Saint-Eustache et de Saint-Gervais. Bien
qu'en secret fidèle aux usages de sa race, il dissimulait sa qualité d'israélite dans les salons parce
qu'il y savait attachée une sorte de déconsidération mondaine. Il se faisait présenter aux gens
sous le nom de Wissel, anagramme de Lewiss.

Ce souci de l'opinion lui faisait regretter
d'avoir quitté la carrière administrative. « Et
dire que je pourrais être aujourd'hui commissaire
de police! » soupirait-il, parfois, comme si sa situation de négociant florissant n'était pas plus
enviable, et de beaucoup supérieure en ressources, en indépendance et en loisirs, mais il n'en-
visageait que le côté honorifique de la fonction,
le prestige conféré par le titre de magistrat,
l'orgueil de détenir une parcelle d'autorité, et
de parader, aux yeux de la foule, ceint d'une
écharpe tricolore.

Ce qui le ravissait le plus, en ma compagnie,
c'était de récolter, dans la rue, les saluts des gardiens de la paix, auxquels il s'empressait de
répondre en se redressant, comme s'ils se fussent
adressés à lui-même. Pour ce qui est de moi, ces
saluts, purement conventionnels, m'horripilaient
à tel point qu'il m'arrivait souvent de faire
un détour pour les éviter. Je savais ce qu'en

valait l'aune, et qu'à m'en goufler, j'aurais assumé le ridicule de l'âne porteur de reliques. Ces saluts multipliés, en me désignant à l'attention des passants, me semblaient une atteinte portée à mon indépendance, à mon désir de me fondre dans la foule anonyme, à mon goût d'observation ou de libre flânerie. Lewiss n'y regardait pas de si près. Il était dévoré d'un tel appétit d'honneurs qu'il en acceptait jusqu'au simulacre.

Il ne cessait de ramener nos propos sur l'Administration pour le seul plaisir d'avoir à répéter : « Quand j'étais secrétaire à la Madeleine... » C'est effectivement au quartier de la Madeleine qu'il avait exercé les fonctions de secrétaire titulaire. Il s'en faisait gloire comme d'un parchemin de noblesse.

« Secrétaire à la Madeleine » équivalait, pour lui, au titre de « Prince des secrétaires », Il ne parlait des autres que sur un ton de persiflage ou de mépris. Ainsi devait parler Saint-Simon de tout ce qui n'était pas duc ou des bâtards de Louis XIV. Lewiss détachait ces mots « A la Madeleine » avec une emphase puérile, et me les décochait à chaque instant à la façon d'un reproche aiguisé, pour m'humilier et me faire mieux sentir l'indignité de mon secrétariat plébéien. Sans doute, le quartier de la Madeleine est un quartier de choix, un quartier « copurchic » comme disait Lewiss. Il avait raison de s'applaudir d'y avoir appartenu, mais son tort était de vouloir s'en faire l'indice d'une supériorité (dont

seul, à la rigueur, aurait pu se prévaloir le chef
de service, non un employé subalterne), et d'oublier que j'étais trop instruit des choses de l'admi-
nistration pour m'en laisser imposer par sa faconde. La hiérarchie des quartiers se renverse suivant
que l'on en considère le côté façade ou le côté
profit. Le Commissaire de police du quartier de
la Madeleine peut s'estimer favorisé, il l'est
pourtant moins, pécuniairement parlant, que
tel de ses collègues, mêlé à la population des
faubourgs. Le quartier prolétaire de Plaisance,
notamment, était de mon temps, au point de vue
profit, le plus âprement convoité. Il était aussi
difficile d'y parvenir qu'à celui de la Madeleine.
Il n'en constituait pas davantage pour cela, à son
titulaire, un certificat de préséance, une preuve
indéniable de mérite, puisqu'en ces sortes de choses, il faut toujours faire état des circonstances,
de la chance, de la brigue et du piston. La valeur
d'un fonctionnaire est indépendante de la valeur,
apparente ou réelle, du poste qu'il occupe. Un
Mayeux, qui fut jadis l'honneur de sa corporation, instrumentait au quartier obscur des En-
fants-Rouges. A l'époque même, où Lewiss faisait, à tout propos, sonner à mes oreilles le nom
de la Madeleine, et m'en jetait la poudre aux
yeux, un Pajot, homme d'un mérite exception-
nel, achevait sa carrière au pitoyable quartier
de la Villette, et l'éminent Touny officiait, relé-
gué au fond du non moins pitoyable quartier
de Grenelle. Or, je ne pense pas qu'aucun des

commissaires de police, qui se sont, durant cette période, succédé au quartier de la Madeleine, ait jamais eu la prétention de s'estimer supérieur au premier ni même comparable au second. Et puis, outre la fantaisie que la Préfecture apporte souvent à l'attribution des quartiers, il faut tenir compte des humeurs et des inclinations d'un chacun. Il y a ceux qui aiment la ronfle et le panache. Il y a ceux qui ne s'en laissent pas impressionner.

Je n'aurais pas échangé sans regret, contre le secrétariat de la Madeleine, mon humble secrétariat de la Porte Saint-Martin. D'abord parce que l'essentiel, à mon avis, pour un subordonné, n'est pas la qualité du poste, mais la qualité du chef sous les ordres duquel il est placé. Or, j'étais tombé sur le plus affable des patrons, avec lequel ce m'était un plaisir de collaborer. Ensuite, le Xe arrondissement l'emportait à mes yeux sur tout autre, parce que c'était mon arrondissement natal, que je le connaissais dans tous ses coins et recoins, que je l'aimais jusque dans ses verrues, comme dirait Montaigne. Les quartiers populaires m'ont toujours attiré, de préférence aux quartiers riches, parce que je m'y sentais plus en contact avec mes administrés, plus à même d'y exercer une action salutaire et de m'y fournir d'expérience. Les gens du peuple ont plus de pittoresque et de relief que les gens du monde. Le vice même s'y déclare franchement. On y peut explorer les consciences à nu. Le psychologue y opère, pour ainsi dire, à vif. Ailleurs, tout s'enveloppe d'artifice et se présente sous le vernis uniforme des usages et des convenances.

Mais c'eût été perdre mon temps que d'essayer de me faire comprendre de Lewiss. Sur ce chapitre, nous ne parlions pas la même langue. Je préférais me taire et lui laisser croire qu'il avait le dernier mot.

Lui, n'avait qu'une préoccupation : Paraître. Outre mes entrées libres, au théâtre, les soirs de représentation ordinaire, j'y disposais de deux fauteuils assignés les soirs de répétition générale et de première. Lewiss était particulièrement friand de ces petites solennités parisiennes. Il jubilait, lorsqu'il m'arrivait de l'y convier. Il y venait en habit, une fleur à la boutonnière, ruisselant comme un soleil. Il fallait le voir se rengorger, faire la roue dans les couloirs, durant les entr'actes ou s'exhiber, debout à son fauteuil, le dos à l'orchestre, lorgnant le public, moins par curiosité que pour s'imposer à l'attention et faire scintiller le gros diamant qu'il portait au doigt. Et quel frémissement d'aise, s'il sentait se poser sur lui les regards d'une figure de connaissance, d'un commerçant du voisinage! Il n'aurait pas passé inaperçu, et le bruit ne manquerait pas de se répandre jusqu'à sa concierge, qu'il faisait partie du Tout-Paris, de cette élite privilégiée qui compose une salle de première. Partout, il s'imaginait faire sensation, éveiller la curiosité des hommes, le désir des femmes. Il s'y plaisait à tel point qu'à la sortie il s'attardait sous le vestibule, dans la bousculade des gens pressés de regagner leur voiture ou de ne pas rater le dernier omnibus, et le geste dont il s'enveloppait de sa pelisse de fourrure était tout un poème. C'était la satisfaction de l'acteur sortant de scène, dans un tonnerre d'applaudissements, pensant en lui-même : «J'ai bien joué mon rôle ! » ou mieux encore, le ravissement de la femme que sa toilette a faite un soir la reine du bal, et qui savoure l'écho de son triomphe.

Il faut bien avouer que Lewiss portait beau, mais, avec sa stature de cuirassier, sa barbe en pointe, ses yeux de myope, son nez busqué, chevauché d'un lorgnon, son ratelier et son ventre bedonnant, il n'évoquait guère l'idée d'un marjolet. Il s'éloignait même, en dépit de sa mise recherchée, de l'image du *clubman*, ne laissant d'autre impression que celle d'un quelconque bourgeois cossu, car sa corpulence s'accommodait mal du moule fashionable de ses vêtements, et avait tôt fait de les déformer, pour en faire zigzaguer les plis à l'aventure. Il aurait voulu se donner renom de dandy, mais le goût personnel lui faisait défaut. Il se laissait habiller par son tailleur, ce que La Bruyère estime le fait d'un sage. Seulement, quand Lewiss disait à son tailleur : « Faites-moi ce qui se porte » il y sous-entendait : «Faites-moi quelque chose dernier cri » et cet excès de confiance dans les lumières de son tailleur n'allait pas sans lui valoir certains désagréments comme on témoigne le fait suivant :

Nous avions décidé, ce soir-là, de nous rendre au théâtre des *Menus-Plaisirs*. Balthy venait de s'y révéler dans une revue à grand spectacle. C'était un succès étourdissant où la foule se ruait. J'avais, en cette prévision, fait retenir deux fauteuils, et Lewiss s'était pavoisé pour la circonstance d'un rutilant complet neuf, dont il tirait orgueil. Nous nous étions donné rendez-vous fort à l'avance, à la terrasse d'un café voisin, d'où nous regardions défiler les gens, histoire de tuer le temps, en attendant l'heure d'ouverture des bureaux. Tout à coup, Lewiss, dressé d'un bond, héla avec force un jeune homme qui passait. La vivacité de son geste m'avait surpris. J'en eus l'explication en apprenant que le *quidam* était attaché au rayon d'habillement d'un grand magasin. Nul doute, que Lewiss ne fût, sur son harnais, en quête des compliments d'un connaisseur. Il le fit asseoir à notre table et lui parla d'abord de tout autre chose. C'était pour mieux cacher son jeu. Une question trop directe risquait d'atténuer la valeur du compliment. Lewiss mettait une sorte de coquetterie à le laisser venir de lui-même. Il n'en aurait que plus de prix. Or, le compliment se faisait attendre et mon Lewiss, de plus en plus nerveux, se tortillait d'impatience sur sa chaise, palpait et repalpait l'étoffe de son complet d'une main fiévreuse, en caressait les boutons, en étirait avec ostentation les manches, usait sous les yeux de celui qu'il avait choisi

pour arbitre, d'une mimique si expressive qu'elle
en devenait provocante, sans que l'autre fît mine
de s'en apercevoir. A la fin n'y tenant plus, Lewiss éclata, et de l'air dont il eût ramené un malotru au respect des convenances, il dit au jeune
homme, en lui désignant ses frusques :

— Vous ne voyez donc pas mon nouveau complet, que vous ne m'en soufflez mot?

L'autre reprit avec une désinvolture qu'excusait le ton familier de la causerie :

— Je n'osais pas vous en parler. Vous avez dû
commander ça en province.

Lewiss sursauta.

— Comment?... en province?... Ça sort de chez
X... (Ici le nom d'un tailleur fort connu).

— Vous lui en ferez mes compliments, répartit
l'homme. Il vous a mis des revers de soie. Il y a
six mois que l'on n'en porte plus. Et puis, est-ce
votre tailleur aussi qui vous a conseillé cette cravate antédiluvienne?

Je regardai la cravate de Lewiss, en forme de
nœud Lavallière. Elle miroitait de reflets bleus
et blancs. Je ne lui trouvais rien d'anormal ni
de désuet, mais il paraît que les « régates »seules
étaient de mise à cette époque et que la couleur
prune s'imposait.

Effectivement, tous les beaux messieurs qui
passaient devant nous, sur le boulevard, arboraient cette forme et cette couleur de cravate
comme un signe distinctif d'élégance, et nul ne
portait de revers de soie.

Je vis Lewiss pâlir de l'anachronisme de sa toilette et s'effondrer de confusion comme un joueur pris en flagrant délit de tricherie. Sa bonne humeur disparut, et, prétextant un malaise subit, il préféra rentrer chez lui et renoncer au théâtre plutôt que de s'y exhiber dans un accoutrement réputé démodé.

La « bagatelle » tenait, bien entendu, une place importante dans l'existence de Lewiss, car ce n'était ni par pruderie ni par austérité qu'il s'était condamné à la vie de célibataire. Il aimait assez le cotillon, mais plus sentimental que sensuel, il posait au Céladon. Il affectait une sensibilité délicate à la Jean-Jacques, se disant prêt à fondre en pleurs :

A ces seuls mots : « Voici de la pervenche en fleurs. »

Mais les fleurs qu'il appréciait surtout étaient celles qu'il voyait exposées aux vitrines des boulevards. Il se piquait d'aimer la campagne, mais qui l'eût pressé sur ce point aurait vite reconnu qu'elle ne lui apparaissait guère que sous l'image du Bois de Boulogne ou des Champs-Elysées. Les boulevards étaient son élément, ce qui ne l'empêchait pas d'appeler sans cesse « une chaumière et un cœur ».

— Ah! soupirait-il, être aimé pour soi-même!

A cette pensée, ses yeux se mouillaient d'attendrissement sous les verres du lorgnon, et rien n'était plus imprévu que d'entendre sortir de ce grand corps massif, des mièvreries et des rengaines de romances.

Incapable de se fixer, toujours en quête de l'âme-sœur, il passait sa vie à s'embarquer dans de folles aventures, juste le temps d'y acquérir une déception nouvelle. C'était toujours la même chose. Au début de chaque liaison, un enthousiasme délirant. Il avait mis la main sur la créature idéale : « Une perle ! mon cher, elle est folle de moi, positivement. » Mais je ne m'étonnais nullement, si je lui demandais, quelques semaines plus tard, des nouvelles de sa créature idéale, de l'entendre s'écrier avec une grimace significative : « Ah ! je t'en prie, ne me parle plus de ça ! »

Et je ne lui parlais plus de « ça », sachant sa réserve habituelle en cette matière, et qu'il me serait vain d'insister pour obtenir quelques éclaircissements. J'étais libre de supposer qu'il avait surpris la créature idéale dans les bras d'un autre, ou la main glissée dans son tiroir-caisse, et j'étais sûr qu'il ne profiterait pas de la leçon.

Il faillit même un moment être victime d'une tentative de chantage, de la part d'une de ces créatures idéales, dont il avait fait la connaissance à la foire de Neuilly. Ne s'était-elle pas avisée de vouloir lui faire endosser une aléatoire mais onéreuse paternité? J'étais là, heureusement, pour le tirer d'affaire. Car je le savais incapable d'une indélicatesse ou d'une muflerie. Je fis une enquête qui m'édifia vite sur le compte de la donzelle, professionnelle de ce genre de

délit, et qui n'eut rien de plus pressé que de disparaître, dès qu'elle sût que la police mettait
à nouveau le nez dans ses affaires. J'avais acquis
la certitude qu'il s'agissait d'une grossesse simu-
lée. Lewiss n'avait donc rien à craindre de ce
côté. Je m'amusai néanmoins à lui faire peur et à
le laisser quelque temps perplexe dans l'appréhen-
sion d'un scandale :

— Ça t'apprendra, lui disais-je, à aller quêter
l'âme-sœur au promenoir des Folies-Bergère ou
à la foire de Neuilly.

Mais c'était plus fort que lui. Il restait persuadé
que l'on peut rencontrer là des vertus.

— On trouve de tout, dans la rue, m'objec-
tait-il.

— Evidemment, répliquais-je, on trouve de
tout dans la rue, puisque tout s'y promène, mais
c'est une question de flair, et tu en manques
vraiment par trop, mon pauvre vieux. Tu n'as
pas l'air d'un *gigolo* ce qui est à ta louange, et
tu affiches trop ton aisance, avec tes pardessus
luisants, ta chaîne de montre et tes bijoux. Tu
sens plutôt le *michet* sérieux. Quand on veut
débusquer l'ingénue, il faut, à la façon du prince
Rodolphe des *Mystères de Paris*, se déguiser en
homme du peuple, et parcourir les faubourgs de
préférence aux boulevards. On est sûr alors que
celles qui viennent à vous n'en veulent qu'à votre
personne.

Il y avait deux hommes en Lewiss, un commerçant pratique et intéressé, qui savait la valeur

des chiffres, et un imaginatif candide et ingénu, occupé de chimères. Une lutte se livrait en eux. Il avait longtemps su maintenir l'équilibre et faire part égale dans sa vie aux affaires sérieuses et aux plaisirs, mais ce sont les chimères qui, avec l'âge, devaient l'emporter sur le bon sens et la raison. Il vint un moment où, jaloux de ses aises et d'espace, il fut pris de la véritable obsession du départ. Je croyais l'entendre s'écrier, comme le poète :

Je suis hanté! L'azur, l'azur, l'azur, l'azur !

Ce n'était pas l'azur spirituel, mais celui des îles bleues de la Méditerranée et des mirages de l'Orient, patrie des voluptés. Les parisiennes ne lui suffisaient plus. Il voulait élargir son champ d'expérience ou, peut-être, simplement réveiller un goût blasé, par le piment de sensations nouvelles. Il n'avait plus qu'un mot en bouche : « Partir! »

Je veux partir, je sens que les oiseaux sont ivres
D'être parmi l'écume inconnue et les cieux!

Ses affaires continuaient de prospérer en vertu de la force acquise et de l'intelligence de son commis principal, mais il s'en désintéressait chaque jour davantage. Un beau matin, il m'annonça qu'il avait cédé son fonds, et que s'estimant assez riche d'une centaine de mille francs d'économies, placés en rente viagère à dix pour

cent, il entendait désormais « vivre sa vie ».
C'était aux environs de 1900. Il partit pour
l'Italie, évidemment plus soucieux de beaux visages et d'aventures sentimentales que des Musées
et des chefs-d'œuvre de l'Antiquité, car sans avoir
lu Keats, il estimait, avec lui, qu'en fait d'émer-
veillements, il n'y a point de spectacle au monde
comparable à celui de jeunes corps, évoluant en
liberté, dans leur souplesse harmonieuse.

Durant l'espace de dix ans, je ne le vis qu'à de
rares intervalles, soit à Paris, où il venait faire
un tour, soit à l'étranger où le hasard nous mit
à deux reprises en présence, au cours de mes
randonnées de vacances.

Il souffrait d'arthritisme. La vie nomade qu'il
menait n'était pas faite pour améliorer son état.
Il revenait à Paris, tantôt pour consulter une
sommité médicale, un spécialiste en renom,
tantôt pour s'y reposer entre deux trains, en
voie de déplacement vers les stations therma-
les de Belgique ou des Vosges, dont il espérait
que les eaux lui seraient salutaires. Ce lui était
l'occasion de serrer des mains amies et d'aspirer
une bouffée d'air du boulevard. Tout cela en
courant, sauf à l'un de ses derniers voyages,
où, terrassé par un accès de goutte, il dut se
faire admettre dans une maison de santé d'Auteuil et y séjourner plusieurs semaines. Peut-être
gardait-il la nostalgie de Paris. Il ne l'avait pas
quitté sans espoir de retour puisqu'à son premier
départ, il avait fait déposer son mobilier dans un

garde-meuble, mais dès qu'il y revenait, il s'y sentait repris par sa fureur vagabonde. J'imaginais qu'il devait en souffrir par instants, regretter l'absence d'une attache, d'un foyer. Il n'en voulait rien laisser paraître. C'eût été, pour son amour-propre, la pire des humiliations que d'avouer sa détresse morale comme les ravages, pourtant visibles, de l'âge et de la maladie.

S'il lui échappait, au cours de la conversation, un mot d'amertume, un geste découragé, il me suffisait de lui en faire la remarque pour le voir remonter sur ses ergots et jouer l'emballement :

— Ah! toi qui es poète, comme tu goûterais l'enivrement de ma vie si tu pouvais la partager!

Et il me vantait les pays qu'il avait traversés : Venise, Rome, Florence, Naples, Taormine, Alger, Tunis, Athènes, toutes les villes consacrées par la littérature et le snobisme. Il m'en parlait d'abondance, mais il avait beau s'étudier à me monter en épingle la beauté des paysages, je ne retrouvais pas dans ses paroles, le vrai ton de l'enthousiasme. Il semblait me réciter une leçon apprise par cœur dans les manuels du touriste. Je songeais, en l'écoutant, aux réclames fallacieuses des *palaces*, aux affiches racoleuses des gares, qui mêlent aux sites qu'elles recommandent des effets mensongers de crépuscule et de clairs de lune. Je sentais, sous son lyrisme de parade, je ne sais quelle lassitude, la désillusion, le sentiment d'une vie gâchée et inutile.

J'en avais déjà puisé l'indice dans sa correspondance. Ses lettres, fréquentes et prolixes, au début, n'avaient pas tardé à s'espacer, à se réduire à de simples cartes postales, de plus en plus laconiques, et dont l'écriture, progressivement descendante, me confirmait le déclin de ses premiers enchantements.

Durant qu'il vagabondait à l'étranger, il m'advint de l'y rencontrer, à l'improviste, au cours de mes excursions de vacances. La première fois, ce fut à Genève, où je m'étonnai de le voir, l'imaginant, sur la foi de sa dernière carte reçue, installé à Florence. Une jeune italienne l'accompagnait, qu'il avait amenée de là-bas, comme en voyage de noces. La connaissance était toute fraîche. Jolie fille, tournure élégante, mais des yeux chargés de malice à faire peur.

— Méfie-toi, lui dis-je à l'écart, ces yeux-là te mangeront !

— Penses-tu ? me répondit-il, c'est la créature la plus angélique qui soit !

Et il me quitta, entraînant la donzelle, comme un nouvel époux, pressé d'isoler son bonheur, et de jouir en paix des délices de sa lune de miel. Bonheur de courte durée, puisque l'année suivante, où je villégiaturais en Allemagne, flânant à travers les rues de Berlin, je l'aperçus, assis à la terrasse du café Bauer. Il était seul.

— Et ton Angélique ? fis-je.

Il eut un geste las.

— Ah ! mon cher, tu n'imagines pas dans quel

guêpier je m'étais fourré! C'étaient d'incessantes demandes d'argent. Si, encore, je n'avais eu à m'occuper que d'elle! Mais il y avait la famille, le père, la mère, le frère, la sœur, et jusqu'à de prétendus cousins, avides de cadeaux, qu'elle me jetait sur les bras. C'était ruineux pour ma bourse. J'ai jugé prudent de tourner bride. D'ailleurs, ce n'était pas ce qu'il me fallait. Je n'aurais pas de peine à trouver mieux.

Il faut croire qu'il ne réussit pas à trouver mieux, puisqu'au début de l'hiver 1913, il vint se réinstaller à Paris : « Ah! Paris, vois-tu, il n'y a encore que là qu'un homme de ma sorte puisse espérer trouver son Idéal! »

— Tu ne t'amenderas donc jamais, dis-je, en veine de taquinerie. Tu songes encore à ces choses-là, à ton âge!

— Comment à mon âge ?... Je ne suis plus de la première jeunesse, il est vrai, mais je suis encore solide, et tu n'as pas idée du nombre de jeunes femmes, qui aiment les vieillards.

— Ou qui en veulent à leur bourse.

Il eut un haussement d'épaules et me jeta :

— Va, tu ne connais rien au cœur des femmes ni aux choses de l'Amour!

Il avait repris ses meubles et s'était installé, boulevard Saint-Denis, dans un appartement si vaste que je lui en exprimai mon étonnement : « Qu'avais-tu besoin de louer une caserne? »

— C'était nécessaire, me répondit-il. Je veux changer de vie, renouer d'anciennes relations,

m'en créer de nouvelles, recevoir. Je donnerai
des soirées. Je t'inviterai. Tu verras, ce sera fort
amusant.

Bien entendu, ces soirées restèrent à l'état de
projet. J'attendis vainement l'invitation pro-
mise. Au bout de plusieurs mois, inquiet de son
silence, je profitai de ma présence sur les boulevards, au sortir d'une matinée de dimanche au
théâtre du *Gymnase*, pour demander de ses nouvelles à sa concierge. Elle me dit qu'il gardait la
chambre, par suite d'une attaque de goutte.
C'était m'inviter à gravir ses trois étages. Or,
devinez ma surprise, en avisant, sur sa porte, un
vaste écriteau d'émail :

Mme X... MASSEUSE
POSE DE SANGSUES ET DE VENTOUSES

Fort de la parole de la concierge, je sonnai. Une
énorme commère moustachue vint m'ouvrir, en
camisole, la bouche fendue d'un sourire, réjouie
d'avance par l'espoir d'un client. Puisqu'il s'agissait d'autre chose, elle rengaina son sourire :

— « Entrez-là ! » fit-elle d'un ton désabusé,
en me désignant l'une des portes du vestibule,
puis elle s'éloigna dans un bruit de savates traî-
nées. J'entrai. Lewiss gisait, affalé sur une chaise-
longue, les pieds gonflés de linge, incapable de
se mouvoir. Il m'expliqua que las de se sentir
perdu dans cet immense appartement, il avait
accepté la proposition de sa femme de ménage,

d'en sous-louer la majeure partie à une professionnelle du massage. Ça le dégrevait du plus lourd du loyer et ça lui permettait d'avoir constamment de menus soins à sa disposition : « Tu penses bien que je n'aurais pas sous-loué à n'importe qui. Il s'agit d'une industrie sérieuse. »

— Inutile de te défendre, dis-je. Il suffit de voir la personne. Sa figure est une recommandation de vertu.

Lewis, dépouillé de tout artifice de toilette, hâve et décharné, le cheveu rare, faisait peine à voir, mais repoussant la pitié qu'il lisait dans mes yeux, il n'eut rien de plus pressé que de jouer l'insouciance et d'imprimer à la causerie un tour plaisant. Il me confia qu'il était, pour lors, la coqueluche d'une jolie midinette des environs et, devant ma mine sceptique, dans le dessein de m'édifier, il me désigna, des yeux, un cadre mis en évidence sur la cheminée, où figurait la photographie d'une fillette à l'air déluré, avec ces mots tracés en travers d'une main inexperte : « *A mon Charles adoré, sa Titine pour la vie!* »

Quelle apparence qu'une vraie affection ait jamais pu s'établir entre cette exubérante jeunesse et ce vieillard en proie à la décrépitude? Mais il voulait me le donner à croire et, peut-être, le croyait-il, lui-même, tant nos illusions sont tenaces et rebelles aux leçons de l'expérience.

Cette aventure dut tourner aussi mal que les autres, puisqu'à quelque temps de là, revenant aux nouvelles, j'appris que mon Lewis, aussitôt remis sur pied, avait bazardé ses meubles et quitté Paris, pour le Midi, sans laisser d'adresse. Je ne savais à quoi attribuer cette disparition soudaine, conséquence d'une rupture doulou_reuse, ou hâte d'aller rétablir au soleil une santé trop compromise, un organisme détraqué, comme me le laissait entendre la carte postale qu'il m'envoya de Nice, par la suite, mais si peu explicite que je lui réclamai, par retour du courrier, un supplément d'informations, auxquelles il négligea de répondre.

Puis la guerre éclata, et je n'entendis plus parler de lui. Quatre années s'écoulèrent, où, dans le bouleversement général, je vécus hypnotisé par les événements, étranger à toute autre préoccupation. Ce ne fut qu'à la fin des hostilités, quand nos armées victorieuses eurent pénétré en Alsace reconquise, que je pris idée de lui écrire, à tout hasard, à Nice. J'imaginais sa joie, car il était resté attaché à sa province natale. Ma lettre me revint avec la mention « Inconnu ». L'hypothèse de sa mort m'effleura, mais il me répugnait de m'y arrêter. « J'en aurais été informé » pensais-je. Nul moyen de m'instruire puisque tous nos amis communs étaient encore dispersés ou mobilisés. Il ne me restait plus qu'à attendre.

Or, au printemps de l'année suivante, lors d'un festival donné au *Trocadéro*, je rencontrai l'un de ses frères, à l'entr'acte, dans la cohue des couloirs. Après un échange rapide de compliments, je lui glissai : «Et Charles?...» et comme pour lui faciliter une réponse que j'appréhendais, j'imaginai d'ajouter : « On m'a dit qu'il était mort ». « Oui! » fit-il d'un simple signe de tête. J'étais avide de détails, mais l'entr'acte finissait. Les premières mesures de l'orchestre rappelaient les spectateurs en hâte dans la salle. Nous étions tous deux en société d'amis, qui nous entraînaient en sens contraire. La conversation s'en trouva brusquement interrompue. Je me flattais d'ailleurs de retrouver mon homme à la sortie.

J'avais reçu cette confirmation de la mort de Charles avec autant d'indifférence qu'elle semblait m'avoir été donnée. La placidité du frère pouvait s'expliquer, soit par une sorte de pudeur intime, le souci de cacher son émoi aux indifférents qui nous entouraient, si la mort était récente, soit par l'action du temps, si elle remontait à une date éloignée, mais j'étais à peine réinstallé dans mon fauteuil, qu'un écroulement se fit en moi. Ainsi, le soldat frappé d'une balle en pleine bataille reste un moment étourdi du choc et n'en perçoit la douleur qu'au bout d'un certain intervalle.

Certes, Lewis ne représentait que mes heures les plus futiles, mais j'éprouvai, à mon grand étonnement, que ces heures-là s'étaient, sous l'action du temps, tellement incorporées aux autres, qu'elles en avaient pris la consistance, et que ce n'était pas seulement quelque chose d'extérieur, une série d'impressions frivoles, mais tout un fragment de ma vie, en bloc, qu'il emportait, avec lui, dans la tombe. Et j'en ressentis, au plus intime de moi-même, la violence d'un déchirement. J'étais devenu étranger à ce qui se passait autour de moi. C'est en vain que les acteurs s'agitaient sur la scène. Je ne les voyais plus. Ce qu'ils disaient n'arrivait plus à nos oreilles. Je revivais en souvenir tout un passé perdu. Je m'entretenais avec le fantôme de Lewiss. Mille détails insignifiants de notre commerce me revenaient avec une insistance particulière, auxquels, sur le moment, j'avais cru ne prêter aucune attention, preuve qu'il y a, en nous, des organes de perception plus subtils que les sens. Même, des gestes évasifs, des propos vagues du disparu, se réveillaient dans ma mémoire où ils s'étaient enregistrés à mon insu, d'autant plus vifs qu'ils me ressuscitaient l'émoi de l'heure où ils s'étaient produits, et l'éblouissement fugitif du décor qui les enveloppait: l'azur d'un lac rayé d'un vol de mouettes, l'allée ombreuse d'un parc doré des feux du crépuscule, un coin de boulevard nocturne aux façades illuminées, une taverne enfumée, un promenoir de music-hall, bruyant de musique et de foule, une rue silencieuse de villas fleuries au clair de lune ou par une fraîche matinée de printemps.

La mort épure et transfigure. Les qualités de Lewiss, son entrain jovial, sa droiture, son obligeance, prenaient à distance un singulier relief, et ses petits travers ne m'apparaissaient plus si ridicules. A la réflexion, je trouvais noble encore ce souci de « paraître », de « séduire », de mettre partout où l'on passe une note d'élégance et de distinction, et de laisser de soi aux gens une opinion avantageuse. Sans doute, Lewiss était loin de remplir l'idée que l'on se fait d'un « prince charmant », mais c'est assez qu'il en ait voulu jouer le personnage. J'étais bien mal venu à le reprendre de sa fatuité, car si je me fusse examiné de plus près, j'aurais reconnu qu'elle n'était pas toute de son côté. Comment appeler d'un autre nom cette satisfaction que j'éprouvais à m'afficher en public en compagnie d'un monsieur si bien mis, comme indice de mes belles relations?

Quand j'entendais Lewiss, au sortir d'une salle de spectacle ou d'une cérémonie publique, se féliciter d'avoir fait sensation, et que je le rabrouais en lui disant : « Que peut bien te faire l'opinion de gens qui ne te connaissent pas, que tu ne connaîtras jamais, et sur les sentiments desquels tu te méprends sans doute? » il aurait pu me répondre : « Y a-t-il un élément plus solide au fond de ce désir de gloire dont tu me rabats sans cesse les oreilles? Se flatter de plaire aux gens que l'on rencontre et de faire retourner sur soi le regard des femmes dans la rue, est-ce plus vain que de se flatter de parvenir à la postérité? S'enorgueillir d'être élégant, de porter une jaquette à la mode, une fleur à la boutonnière, s'enorgueillir, en un mot,

D'être un joli petit mousquetaire qui passe,

comme dit Edmond Rostand, est-ce donc, même si l'on s'abuse, beaucoup plus ridicule que de s'enorgueillir de lire son nom imprimé dans un journal, sans même avoir la certitude que les yeux des lecteurs daigneront s'y arrêter? Tu te ris de mon souci de l'opinion, de mon *snobisme*. Prends garde que l'appétit de réputation de l'homme de lettres n'en soit qu'une autre forme et la pire de toutes. Je t'ai entendu, mille fois, railler ces jeunes commis de magasin, qui se privent du nécessaire et rognent sur leur nourriture pour louer un habit, et vont, sur le coup de minuit les soirs de galas ou de « premières » se mêler à la foule qui sort des théâtres et se répandre, avec elle, dans les cafés du boulevard, pour la seule satisfaction d'y prendre, aux yeux des indifférents, figure d'homme chic. Agissent-ils autrement que ces poètes incompris, dont tu as la bouche pleine, qui font signe aux gens encore à naître, dont ils escomptent les applaudissements futurs, et qui souffrent, pour y parvenir, le froid, la faim et les corvées humiliantes? Chimère pour chimère, je préfère la mienne. J'en tire au moins des satisfactions plus immédiates. »

N'y avait-il pas dans sa lutte contre la vieillesse et son cortège de maux, une sorte

d'héroïsme? Rien ne lui aurait pu faire confesser :

Je suis vaincu du temps. Je cède à ses outrages.

S'il était pris, en compagnie, au café, d'une
crise d'asthme et qu'il vit un apitoiement se faire
autour de lui, il avait tôt fait de se redresser :
« Ce n'est rien! » en mettant cela sur le compte
d'une gorgée mal avalée ou de la fumée de sa
cigarette, et il s'arrachait un sourire ou une
plaisanterie, pour en détruire l'effet. Puis il se
mettait à parler de ses bonnes fortunes.

Je ne retrouvai pas son frère à la sortie. Cela
valait mieux peut-être, j'aurais pu apprendre des
choses lamentables. Mes dernières rencontres avec
Lewiss m'avaient laissé une impression fâcheuse.
Sa santé se délabrait de plus en plus. Sa vue se
gâtait. Le mal s'accélérait, auquel sa mauvaise
hygiène frayait les voies, car il s'obstinait à ne
vouloir pas « dételer ». Il accentuait les fards
nocifs pour dissimuler ses rides, abusait des
teintures, le plus souvent corrosives, pour effacer
ses cheveux blancs, et allait jusqu'à se confler
aux mains des charlatans pour ranimer sa vigueur défaillante. A ce régime, l'adversité devait
avoir beau jeu. C'était précipiter le déclin. Et la
guerre n'avait pu qu'ajouter ses tortures morales
à sa déchéance physique. J'appréhendais que le
moratorium n'ait eu, sur sa rente viagère, un effet
suspensif (si la Compagnie d'assurances à laquelle

il s'était adressé était de nationalité ennemie) et que ce voluptueux, épris de confort, qui s'était délibérément brouillé avec les siens, par esprit d'indépendance, et retiré de tous ses amis, n'ait expiré sur un grabat d'hôpital, en proie à la misère, sans même avoir eu la consolation d'apprendre que Strasbourg était redevenue française.

J'étais venu à cette matinée avec un groupe d'amis. Je me hâtai de m'en libérer, tant j'avais besoin d'être seul, pour me donner plus entier à ma mélancolie. Je redescendis à pas lents les pentes verdoyantes du *Trocadéro* et m'engageai sous les ombrages du Champ-de-Mars, où nous nous étions si fréquemment promenés côte à côte, car Lewiss avait habité longtemps ces parages. Je revis, avenue Bosquet, le petit rez-de-chaussée, dépendant d'une hôtel particulier, dont il avait fait sa garçonnière. J'en considérai, une fois de plus, la façade. Un autre l'occupait, mais il me semblait que Lewiss était toujours là, et que je n'avais qu'à sonner, pour le voir apparaître. Rien du décor n'avait changé. La rue avait toujours son même visage. C'était le même train habituel des promeneurs du dimanche, la même foule attablée aux cafés du rond-point de l'École militaire. Il était six heures à peine. Le soleil dorait encore les toits et je m'attardais à contempler l'allégresse des choses, comme si Lewiss pouvait en jouir encore, en empruntant mes yeux. Je le savais converti à l'idée spirite.

J'étais allé le voir à la maison de santé d'Auteuil, dont j'ai parlé. Il venait de lire un livre qui l'avait bouleversé. C'était un exposé de la doctrine d'Allan Kardec. La fenêtre de sa chambre ouvrait sur un jardin défleuri de fin d'automne. Le crépuscule tombait. La tête sur l'oreiller Lewiss me parlait de l'immortalité de l'âme, de ses migrations, de la correspondance des morts avec les vivants. Je le laissais dire pour lui éviter la fatigue d'une discussion. Tandis qu'il parlait, le sifflet des trains de ceinture, le cri des remorqueurs de la Seine voisine, déchirant l'air, mettaient, autour de son lit de malade, une sorte de malaise, quelque chose comme l'anxiété d'un départ, l'imminence d'un adieu. Certes, l'hypothèse de la survie est une hypothèse fort séduisante, qu'il me plaît d'adopter, suivant les jours, mais; au fond, je pense là-dessus comme Théophile Gautier, à savoir que garder, après la mort, ses infirmités et le souvenir d'ici-bas. suffirait à me gâter les joies du Paradis. Il est des gens que je me soucierais fort peu d'y rencontrer. Néanmoins, je feignis, par mon silence, de me ranger à son opinion, avec trop peu de conviction, toutefois, pour qu'il pût se méprendre sur mon arrière-pensée, de sorte qu'il me dit :

— Il y a un moyen bien simple de nous assurer de la vérité. Que celui de nous deux qui partira le premier vienne se manifester à l'autre, pour lui donner révélation des mystères de l'Au-delà.

— Soit! consentis-je, mais alors d'une façon

évidente. Je ne m'estimerais pas convaincu par des coups frappés dans le mur, et les spirites ne nous laissent pourtant pas espérer d'autres moyens de communication.

— Nous pouvons convenir d'avance de la disposition des coups frappés. Qu'ils soient assez nets, assez persistants, pour ne pas être confondus avec un simple craquement de boiserie.

— Et qu'ils soient précédés, fis-je, plaisantant malgré moi, d'un appel impérieux, qui force l'attention. Trois coups successifs, par exemple, à intervalles égaux, comme au théâtre, avant le lever du rideau.

— Eh! bien, dit Lewiss, pourquoi n'en prendrions-nous pas l'engagement formel?

— C'est dit! fis-je négligemment, pressé de clore l'entretien.

C'est à cette conversation lointaine que je songeais, présentement, en rentrant chez moi, et j'y songeais encore le soir, en me couchant plus tôt que de coutume, pour m'ôter plus vite du bruit des gens, et j'en induisais le néant des espoirs de Lewiss, puisque malgré ses engagements formels, lui, qui était parti le premier, n'était pas revenu se manifester à moi. Je venais de m'endormir quand je fus réveillé par trois coups violents frappés au plafond. « C'est lui! pensai-je aussitôt. Voilà bien le signal convenu : Trois coups frappés, comme au théâtre! » et pour me prouver que je ne m'étais pas trompé, une série de petits coups suivit, dont, malheureusement, je ne pou-

vais démêler le sens, mais qui suffisaient à m'édifier sur la présence, autour de nous, des êtres
disparus.

« Les morts vivent! » m'exclamai-je, et je
demeurai si troublé de cette révélation que je ne
pus me rendormir, en proie, pour le reste de la
nuit, à une agitation extrême.

Mon trouble persistait encore le lendemain
matin. J'étais partagé entre le désir d'instruire
les miens et la crainte de les effrayer, mais, tandis
que je m'interrogeais sur le parti à prendre, une
discussion, venue de la cuisine, m'avertissait
que je m'étais mépris sur l'origine de ces bruits.

On reprochait à la bonne sa maladresse, et
d'avoir, la veille au soir, laissé tomber en mon-
tant dans sa chambre, située au-dessus de là
mienne, trois fers à repasser, qu'elle tenait dans
son tablier. Ce sont ces trois fers, dont la chute
successive m'avait réveillé. On lui reprochait
encore d'avoir mis le comble à son impudence,
en s'avisant, après un tel yacarme, de raccoutrer,
au risque de troubler mon sommeil, à coups de
marteau, son balai démanché. Je me mordis les
lèvres et me tins coi.

Allons! il était dit que je ne serais pas renseigné, cette-fois là encore, sur la valeur des phéno-
mènes spirites.

XI

SARAH BERNHARDT ET LA DUSE

Le commissaire de police, chargé de la sécurité
du public, dès qu'il a mis le pied dans un théâtre,
y prend le commandement suprême. C'est le
capitaine de qui dépend le salut de l'équipage et
qui, dès qu'il a mis le pied sur son navire, assume
tous les droits, puisqu'il assume toutes les res-
ponsabilités; mais, dans la pratique, le pouvoir
discrétionnaire que lui confèrent les règlements
se voit astreint à bien des accommodements. Il
est des directeurs négligents ou jaloux de leur
autonomie, auxquels il n'est pas toujours facile
de faire entendre raison. Le commissaire a beau
se sentir armé de la loi et brandir la menace
d'une contravention, il n'ignore pas que ses
menaces risquent le plus souvent de demeurer
sans sanction, à l'encontre d'un directeur riche
d'appuis et d'influences, tel qu'un Lucien Guitry
par exemple, ou une Sarah Bernhardt.

Cette dernière, surtout, passait pour une admi-
nistrée peu commode. Sa susceptibilité la rendait
redoutable. Sa manie était de considérer tout ce

qui émanait d'elle comme intangible et supérieur. Ah! qu'elle dût se reprocher, dans l'excès de son orgueil, de n'avoir pas eu, la première, l'idée d'inscrire son nom au fronton de son théâtre, et d'en avoir laissé l'initiative à Antoine; mais l'idée d'Antoine se justifiait davantage. Son théâtre était une création véritable. Il représentait presque une école, un ensemble d'efforts, une formule d'art. Antoine avait mis son talent au service des autres. Sarah Bernhardt, au contraire, professait l'opinion de Médée : « Moi seule et c'est assez! » Elle voulait que son théâtre fût considéré comme le théâtre par excellence. Elle y avait installé le cérémonial en usage dans les théâtres subventionnés et y réprimait, avec sévérité, les moindres infractions d'étiquette. Mon collègue Cœuille en sait quelque chose, lui qui, par mégarde, un soir où il était de service à son théâtre de la place du Châtelet, y fit sa tournée d'inspection des coulisses le chapeau sur la tête. Un employé lui en fit la remarque d'un ton si peu civil, qu'il lui ôta toute velléité de s'y conformer. Il se contenta de répondre d'un ton railleur :

— Comme à la Comédie-Française, alors?...

Le mot fut rapporté à Sarah. Rien ne pouvait la piquer davantage. Comme si son théâtre ne valait pas celui de la rue de Richelieu! Elle se précipita au téléphone, pour se plaindre de cet attentat de lèse-majesté, mettant en émoi la préfecture de police, le ministère de l'Intérieur et, je crois bien, jusqu'à l'Elysée. Elle fit tant que le commissaire se vit, dès le lendemain, avisé qu'il était dorénavant frappé d'interdit de service dans les théâtres subventionnés, ce qui, étant donné son caractère, lui fut particulièrement sensible. La mesure était arbitraire et ridicule en ce sens qu'elle semblait implicitement reconnaître à un théâtre privé un caractère officiel. Elle fut bientôt rapportée, mais Sarah put croire un moment qu'elle tenait sa vengeance.

Pour ce qui est de moi, je n'eus jamais à souffrir de ses humeurs. Je la trouvais, au contraire, affable à chaque rencontre, ce dont je m'applaudissais d'autant plus que notre premier contact s'était produit dans une atmosphère d'orage et, pour ainsi dire, en plein cataclysme. C'était en 1897, à l'époque où elle dirigeait le théâtre de la Renaissance. Cumulant les fonctions de directrice et d'artiste, Sarah ne délogeait guère du théâtre. Elle y prenait ses repas, et toujours entourée d'une nombreuse compagnie, y tenait table ouverte. Ses repas lui étaient apportés du dehors. Elle les faisait venir du restaurant sis, non loin de là, rue Saint-Martin, à l'enseigne réputée du *Plat d'étain*, dont le propriétaire était mon ami Bouzon. Sarah passait pour frugale et se flattait de ne boire que de l'eau, secret, disait-elle, de sa persistante jeunesse, mais elle comblait ses invités de mets fins et de vins de crus. La note du restaurateur s'en enflait d'autant. Elle dépensait sans compter. Elle avait beau gagner des sommes folles, l'argent lui coulait des doigts.

Elle se trouvait, souvent, à court de ressources, n'ayant pas même en poche de quoi solder le prix de la course en fiacre qui la ramenait, la nuit, chez elle, boulevard Péreire. Bouzon lui avait ouvert un large crédit, mais à la longue, une inquiétude lui venait de ses difficultés croissantes à se faire payer, et, voyant s'accumuler les notes en souffrance, il finit par se demander s'il ne serait pas prudent d'arrêter les frais. Il en était là de ses réflexions lorsqu'un dimanche matin, jour où Sarah donnait deux représentations, elle le fit prévenir qu'il aurait à servir, avant la représentation du soir, un dîner de plusieurs couverts. La tablée était de choix, paraît-il. Sarah exigeait un menu en conséquence. Bouzon vit là l'occasion de tenter un coup de force.

Il feignit d'accepter la commande, mais aux approches de l'heure fixée pour se mettre à table, il se rendit au théâtre et déclara sans ambages à sa cliente qu'il ne consentirait à lui fournir les vivres que contre argent comptant et règlement totale de ses dettes antérieures.

La somme était trop forte pour qu'elle pût s'exécuter. Et voilà Sarah affolée. Aux premiers mots de réclamation, elle avait bondi, lâchant ses invités, entraînant Bouzon dans le coin le plus obscur et le plus isolé du théâtre, pour discuter à l'abri des oreilles indiscrètes. On devine que la discussion fut aigre, et c'est au moment le plus aigu du conflit que le hasard me fit tomber sur les deux adversaires, comme un bolide, à l'improviste. J'avais assisté à la matinée. C'était mon premier service à son théâtre. Je ne la connaissais pas encore. J'avais quitté la salle après l'écoulement du public, et m'en étais allé sans réfléchir que j'avais oublié un pli de service dans la cabine des sapeurs-pompiers. J'étais revenu en toute hâte le chercher et m'étais précipité à travers le dédale des couloirs, d'un élan d'autant plus débridé, que j'avais la conviction de n'y rencontrer personne. Sarah, stupéfaite autant qu'irritée de cette intrusion cavalière, se demandait d'où sortait cet inconnu, si familier avec les lieux qu'il y pénétrait d'autorité et s'en ouvrait les portes sans crier gare. Déjà ses yeux me foudroyaient et je la sentais prête à me foudroyer de la parole et du geste. Le cordial bonjour que me jetait l'ami Bouzon l'arrêta.C'est de lui qu'elle apprit qui j'étais. La présentation souffrit d'abord quelque peu de l'ambiance orageuse, mais changea vite de caractère. Le visage de Bouzon, jusque-là contracté, s'était déridé et épanoui à mon approche. Ne pouvait-elle en inférer l'indice que l'orage s'éloignait et sentir poindre en elle l'espoir d'un arrangement possible? Ce sourire n'était-il pas un premier pas fait sur le terrain de la conciliation? Ne sachant plus à quel saint se vouer, Sarah se mit en tête de m'accueillir comme un envoyé de la Providence, un instrument de salut, et de m'admettre en tiers dans la discussion, en m'assignant le rôle d'arbitre. Elle comptait évidemment, soit sur ma qualité d'ami de Bouzon pour l'amener à composition, soit sur ma qualité de magistrat pour lui imposer une décision en sa faveur, sans réfléchir, dans son désarroi, que l'affaire n'était pas de ma compétence et que les liens d'amitié qui me liaient à Bouzon ne pouvaient que redoubler mes scrupules d'intervenir et me rendre plus pénible le poids d'une sentence. Je n'avais d'autre ressource que de louvoyer entre les deux et mettre leurs intérêts en balance. Toutefois, il m'apparut, aux explications de Sarah, qu'elle était en droit de faire valoir des circonstances atténuantes. Dépourvue de qualités ménagères, elle péchait par excès de confiance en son entourage. Je la soupçonnais trahie et exploitée par toute une bande de parasites et de profiteurs, et la preuve, c'est qu'elle s'était récriée à l'énoncé du chiffre de sa dette. On l'avait laissée dans l'ignorance. Des lettres de réclamation ne lui étaient pas parvenues. On détournait de leur véritable destination des sommes, même importantes, qu'elle distribuait, à chaque instant, pour des buts fixés. Je ne dis pas que ses commettants fussent des gens malhonnêtes, mais ils profitaient de son désordre, j'imagine, pour opérer, dans sa comptabilité, ce qui se pratique couramment dans les grandes administrations d'État: le système des virements. Elle avait beau assurer Bouzon qu'il n'avait rien à craindre, qu'il serait désintéressé dans un bref délai, ce dernier se montrait intraitable. A la fin, Sarah, décidée à tenter un dernier

effort, à racler ses derniers tiroirs, à adresser un
dernier appel à ses familiers, sortit, en nous
priant de l'attendre. J'en profitai pour incliner
Bouzon à l'indulgence. Sarah, somme toute, était
solvable et de bonne foi. Puisqu'elle avait pris
l'engagement solennel de le désintéresser sous peu,
et qu'il n'en était pas à quelques centaines de
francs près, n'était-il pas préférable d'user encore
de patience, plutôt que de se brouiller définiti-
vement avec une cliente si fastueuse et de s'en
faire une implacable ennemie, décidée à ne plus
s'incliner que devant la décision des tribunaux?
Ça lui éviterait les ennuis d'un procès. Ce serait
toujours autant de gagné, et je m'enhardis jusqu'à lui représenter ce qu'il y avait de répréhen-
sible, ou tout au moins d'inélégant, dans son procédé d'*ullimatum*. Ce geste comminatoire, cette
manœuvre de la dernière heure, risquait de lui
aliéner l'opinion. Il allait s'ensuivre un scandale
qui, étant donnée surtout la qualité de Sarah et de
ses invités, risquait d'avoir les répercussions les
plus fâcheuses pour son crédit et le renom de son
établissement. Ce dernier argument parut faire
impression sur Bouzon, car c'était, au fond, un
brave homme. Il finit par reconnaître qu'il avait
été mal inspiré. Aussi, quand Sarah revint,
désolée de n'avoir pu recueillir qu'un acompte
dérisoire qu'elle lui offrait, il le repoussa du geste
en disant : « Non! j'ai foi en votre parole, vous
me réglerez le tout ensemble. Je vais donner
l'ordre à mes gens de vous servir ».

Sarah, soulagée d'un lourd poids, rayonnait. Le regard affectueux qu'elle tourna vers moi me fit comprendre qu'elle m'attribuait le mérite de sa victoire et qu'elle m'en était reconnaissante, et j'appris de Bouzon, quelques jours plus tard, qu'il avait été payé rubis sur l'ongle.

Sarah était un rare exemple de vitalité et d'énergie. On la sentait armée d'une volonté de fer. Toute jeune, au couvent de Grandchamp, où elle fut élevée, elle avait pris pour devise : « Quand même! » et à qui l'interrogeait sur ses rêves d'avenir, elle répondait : « Je me ferai religieuse, à moins que je ne me fasse actrice. » Le théâtre l'attirait comme un instrument de règne et de domination. Dévorée d'un incessant besoin d'activité, elle se mêlait de tout, touchait à tout. Elle était peintre, sculpteur, écrivain, ce qui poussa un poète humoriste à lui dire :

> Bref, vous auriez enfin, Sarah, toutes les bosses,
> S'il ne vous en manquait pas deux.

C'est qu'elle était maigre et qu'on lui soupçonnait la poitrine plate; mais le rimailleur s'abusait. Sarah tint à lui prouver, en s'exhibant le lendemain sur la scène, suffisamment décolletée, qu'il ne lui manquait pas même ces deux bosses-là.

Donc, Sarah s'était faite actrice et n'avait pas tardé à s'élever au premier rang. Elle avait fini par être l'idole du public.

J'avais hésité longtemps à partager cet engoue-
ment. Je n'approuvais pas qu'on la tînt pour la
plus grande tragédienne du siècle et qu'on osât
la comparer à Rachel. Je n'ai pas connu Rachel,
mais je sais qu'elle s'accommodait de tous les
rôles du répertoire, et ce m'est un indice suffisant
de sa supériorité. Sarah n'était excellente que
dans les rôles qui s'adaptaient à son tempéra-
ment. Elle n'a jamais remporté, dans les autres,
que des succès contestés. On se souvient qu'elle
avait quitté la Comédie-Française à la suite d'une
représentation de *L'Étrangère*, où elle avait été
quelque peu malmenée par la critique. Je lui
faisais grief de se faire confectionner des rôles
sur mesure par Sardou et des dramaturges à sa
dévotion, et — ce qui pis est — de ne choisir le
plus souvent que des auteurs d'une veine fos-
sile ou médiocre, alors qu'il existait autour d'elle,
comme l'avait prouvé l'entreprise d'Antoine, des
talents neufs et vigoureux en appétit de se faire
voie, auxquels elle aurait pu fournir l'occasion
de s'affirmer. Et puis, elle était inégale et capri-
cieuse. Elle avait vite fait de « déblayer », comme
elle disait, quand elle avait ses nerfs, ou quand
la physionomie du public ne lui revenait pas.
Elle avait ses mauvais jours, et je ne l'avais peut-
être encore vue que ces jours-là, car, si invrai-
semblable que cela puisse paraître de la part du
parisien-né que je suis, je n'avais eu que de rares
occasions de l'entendre. Lorsque mon service
m'amena à la Renaissance qu'elle dirigeait, mes

préventions ne firent que s'accroître. Elle jouait à ce moment *la Samaritaine* d'Edmond Rostand. Le rôle lui convenait peu. Elle s'y démenait comme une possédée, sans souci de faire mentir sa légende :

Reine de l'attitude et princesse du geste

et elle s'y égosillait jusqu'à l'éraillement, à la grande surprise des spectateurs venus sur la foi de sa réputation de « voix d'or ». Rostand ne s'était pas encore rendu populaire avec *Cyrano de Bergerac*. Sa pièce n'avait obtenu qu'un succès d'estime. Le public était tiède et clairsemé. Les recettes s'en ressentaient, et aussi, probablement, le jeu de Sarah.

C'est pourtant à ce même théâtre de la Renaissance que je devais prendre bientôt mesure de sa valeur.

Elle y donnait, le dimanche, des matinées classiques, dont *Phèdre* constituait le plat de résistance. C'était l'un de ses rôles préférés, et l'on m'avait dit : « Attendez de l'y voir, avant de la juger. » Je la vis dans *Phèdre*, sans en être autrement ébloui, mais il advint qu'à l'une de ces matinées, par suite d'une indisposition subite ou d'un caprice, elle dut céder son rôle à une autre. Sa doublure était une artiste réputée. Son infériorité m'apparut nettement. Sarah avait tout de même une autre allure, sous le bandeau royal.

J'avais désormais un terme de comparaison.

L'avantage lui demeurait sans conteste. Je compris que je l'avais mésestimée, soit qu'en me la vantant à l'excès l'on m'eût trop fait espérer d'elle, soit que mes préventions m'eussent privé de la liberté de jugement. Les qualités de son jeu m'apparurent plus évidentes aux représentations suivantes; mais j'attendais toujours le coup de foudre de génie. Il se produisit enfin, dans les circonstances que je vais dire.

La cabale qui venait d'imposer chez nous Gabriel d'Annunzio se devait d'y imposer la Duse, à qui le liait une affection étroite à ce moment. Je dis la « cabale », parce qu'il avait fallu, en vue du succès, donner un coup de barre concerté pour remonter un double courant d'indifférence et d'hostilité. L'Italie s'était aliéné nos sympathies par sa politique germanophile et son adhésion à la triple alliance. On se souciait peu, en France, de faire écho à ses gloires. Il y avait aussi des préventions d'ordre littéraire à dissiper. L'Académie française, dont les conjurés avaient sollicité le patronage, s'était, d'abord, récusée. Annunzio, « l'Enfant de Volupté », se présentait environné d'un bruit couleur de scandale. Sa fougue passionnée, son lyrisme échevelé, sa pente à ne traiter que des sujets scabreux, ses esclandres répétés, effarouchaient un peu sous la Coupole. Et, en dehors de l'Académie, nos gens de lettres ne se montraient guère davantage disposés à l'accueillir.

L'accusation de plagiat se dressait contre lui de tous côtés. Zola lui reprochait de s'être paré effrontément de ses dépouilles et de celles de nos romanciers naturalistes. Joséphin Péladan lui faisait grief d'avoir démarqué son *Ethopée*, et de lui avoir emprunté sa casuistique érotique, et il était vrai que l'Art, à la fois brutal et raffiné, de Gabriel d'Annunzio offrait trace de ces influences diverses.

« Je n'aime pas cet Italien ! » avait déclaré Maurice Barrès (il n'était pas alors de l'Académie) la première fois qu'on lui en avait parlé. C'était, pourtant, de tous nos littérateurs en renom, celui que l'on pouvait estimer le plus susceptible de lui témoigner des sentiments bienveillants, en vertu d'une apparente conformité d'humeur. Sans doute, le pressentiment de la même destinée sur le point de les emporter, tous deux, des confins de l'anarchie et de la déconsidération bourgeoise au sommet de la popularité, en leur imprimant à chacun, dans leur patrie respective, sous la pression des événements, figure de héros national, n'allait pas tarder à les réconcilier, mais, pour l'heure, Barrès s'irritait sourdement de voir Annunzio se faire mérite personnel d'une doctrine qui lui semblait n'être que la contrefaçon de son « Culte du moi ».

Annunzio disposait pourtant de nombreuses sympathies dans le clan des poètes nouveaux, que requéraient son tour hardi, son style pittoresque et imagé, et, qui lorsque l'Art est en jeu,

ne s'en laissent point imposer par des considérations de Morale et de Patrie. Et il entretenait [des
intelligences un peu partout, dans le monde de la
presse et du théâtre. Il avait pour lui ceux qui se
piquaient d'être des raffinés d'art, des chercheurs
de sensations inédites, à la façon de Jean Lorrain,
dont les chroniques du *Journal* étaient alors fort
suivies, et de Robert de Montesquiou, l'oracle
des salons, qui devait lui rallier la foule des snobs
toujours en quête de nouveauté. Il bénéficiait
surtout de l'attention sympathique, depuis longtemps éveillée autour de la Duse, sa principale
interprète, que la Presse étrangère ne cessait de
signaler comme l'une des plus éminentes illustrations du théâtre contemporain.

C'était l'avis d'Alexandre Dumas fils, qui lui
était reconnaissant d'avoir accompli ce miracle
de faire triompher à Rome (dans une traduction
italienne) *La Princesse de Bagdad*, dont le talent
de Croizette n'avait pas réussi, chez nous, à con-
jurer l'échec. Dumas sentait la nécessité de prendre une éclatante revanche, et il s'était, dans ce
dessein, attelé à *la Route de Thèbes*. Mais il s'arrê-
tait souvent, découragé de la besogne, se demand-
ant en vain à quelle interprète sûre il pourrait
confier sa fortune, et il allait répétant à chaque
instant : « Ah! si j'avais la Duse!... » Il avait fini
par se flatter de l'espoir de lui faire créer le rôle
à Paris, car elle parlait couramment notre langue,
mais il était mort avant d'avoir pu réaliser son
rêve. Ce n'était pas seulement à Rome que la

Duse avait fait triompher *La Princesse de Bagdad* comme, d'ailleurs, les autres pièces traduites de Dumas fils et du moderne répertoire français, ni dans tous les théâtres de la Péninsule, mais à l'étranger, car elle avait joué un peu partout, sauf en France. Elle avait été acclamée en Allemagne, en Espagne, en Russie, en Scandinavie, en Amérique... Elle venait même d'être acclamée à Londres, où l'élite de la Comédie-Française, Bartet en tête, était allée, en grande pompe, la féliciter dans sa loge. Il ne lui manquait plus que la consécration de Paris. Elle fut longtemps avant de s'y résoudre, car la Duse, contrairement aux gens de sa confrérie, n'avait pas l'ombre de cabotinage. Aussi timide que géniale, trop éprise de perfection pour ne pas douter de ses ressources, elle ajournait sans cesse cette épreuve suprême, et, quand, enfin, cédant à des sollicitations instantes, elle y consentit, elle ne voulut se produire à Paris que dans le répertoire italien, autant par modestie que pour ménager la susceptibilité de ses émules françaises. Il lui fallait un théâtre. Montesquiou s'entremit auprès de Sarah Bernhardt pour lui faire obtenir la Renaissance. Elle en prit possession (juin 1897) et c'est elle qui allait me fournir l'occasion de connaître la vraie Sarah, au cours d'une soirée si fertile en incidents qu'il me faut bien la relater par le menu.

C'était une représentation de gala donnée au profit de la statue d'Alexandre Dumas fils. Elle se composait d'un spectacle varié : un à-propos en vers d'Edmond Rostand; un acte inédit de Sarah : *L'aveu*, joué par Raphaële Sisos, Dumény et Marquet; des fragments d'opéra *(Le Trouvère, La Traviata, Samson et Dalila)*, chantés par le ténor Tamagno, la Névada et Mme Héglon; deux actes de *La Dame aux camélias*, joués par Sarah Bernhardt; le deuxième acte de *La Femme de Claude*, joué en *italien* par la Duse et sa compagnie. Le superlatif des vedettes comme on voit. Ajoutez-y Coquelin Cadet et Yvette Guilbert. Cette dernière n'était pas la moindre attraction du programme, surtout pour une assemblée de gens du monde et de personnalités officielles, comme l'était celle de ce soir, peu habitués à se mêler à sa clientèle ordinaire, car Yvette était une gloire de café-concert, où elle avait créé un genre avec les chansons de Xanrof, de Mac-Nab et des fournisseurs attitrés de l'ancien *Chat noir*. C'est au Concert parisien qu'elle avait paru pour la première fois, en octobre 1890. Du coup, elle avait conquis Paris et son succès durait depuis lors. Pourtant, Yvette faisait fi de sa réputation d'étoile de *caf'conc'*. Elle se sentait la vocation du théâtre. Elle aurait voulu rivaliser avec nos plus célèbres comédiennes et briller, comme elles, au ciel de l'art. Dans son âge tendre, alors qu'elle gagnait sa vie comme vendeuse à je ne sais quel magasin du Louvre, du Bon Marché ou du Printemps, c'est à la Comédie-Française qu'elle rêvait, derrière son comptoir. Et, dès 1886, elle s'était essayée au théâtre en jouant, aux Bouffes-du-Nord, le rôle de la duchesse de Nevers dans *La Reine Margot*. Son insuccès ne réussit pas à la décourager. Elle passe à Cluny, où elle joue dans *Rigobert*, puis aux Nouveautés, aux Variétés, où on lui confiait des « pannes » et des « levers-de-rideau », puis, en tournée, dans les casinos des stations balnéaires. Le succès ne venait toujours pas. Un soir qu'elle fredonnait dans les coulisses d'un théâtre de province, son camarade Barral lui dit : « Tu as une voix charmante, pourquoi ne chantes-tu pas? » « Tiens! c'est une idée », répond Yvette, et elle se fit chanteuse ; mais elle s'était faite chanteuse comme d'autres se font carmélites par désespoir d'amour. Le café-concert c'était son couvent. Elle n'y était pas plus tôt entrée qu'elle brûlait d'en sortir. Elle attribuait ses déboires de comédienne à son insuffisance d'études. Son seul professeur avait été un personnage obscur, le père Landrol, et son apprentissage n'avait duré que six mois. Elle jugeait indispensable de se perfectionner, et s'était, en secret, remise à l'école, prenant leçon des maîtres de la scène. Et c'est parce qu'elle se croyait suffisamment armée de leur science, qu'elle avait offert gracieusement son concours à cette soirée de gala, s'imaginant l'heure venue de se révéler au public sous un jour nouveau. Le public n'en savait rien. Il s'attendait à retrouver, avec elle, ces refrains montmartrois qu'elle débitait, tantôt d'une verve rentrée, sans avoir l'air d'y toucher, tantôt d'une mimique suggestive, avec une netteté de diction parfaite, et qui, à force de courir les rues, avaient fini par trouver écho dans les salons les plus gourmés. Si le public spécial de ce soir l'avait, en partie, peu fréquentée, sauf aux *Ambassadeurs* où elle venait d'émigrer, il n'en avait pas moins, dans les yeux, sa mince silhouette popularisée jusqu'à l'obsession par les affiches placardées à tous les coins de rues, sa mine futée, ses bras gainés d'interminables gants noirs. Il était plein de sa verte renommée, et le régal ne lui en semblait que plus cher. Aussi, lorsque son tour de chant fut venu (car dans l'esprit de tous il ne pouvait s'agir d'autre chose que d'un tour de chant) un frisson d'aise parcourut la salle. Les diplomates, le haut personnel des ambassades, et les duchesses douairières, dont s'emplissaient les loges, allaient pouvoir s'encanailler sans dommage. Ça allait être comme une tournée de grands-ducs, une descente dans les bas-fonds de Paris, une petite débauche, faite en bonne compagnie. Mais, ô stupeur! au lever du rideau, l'on vit paraître, dans un froid décor de salon, cérémonieusement assise devant un meuble, dit « bonheur du jour », au lieu de l'Yvette Guilbert populaire et consacrée, une correcte dame du monde, tenant à la main un livre qu'elle se mit à lire à haute voix. Ce livre, c'était : *Les Lettres à Françoise*, de Marcel Prévost, nouvellement paru. L'assistance en fut si déroutée qu'elle ne put réprimer une rumeur de désappointement. On refusa de l'écouter. Ni le talent de la récitante, ni celui de Marcel Prévost, ici, n'étaient en cause. Yvette Guilbert aurait lu le mieux du monde un pur chef-d'œuvre que l'effet produit eût été le même. Le malaise ne provenait ni de ce qu'elle lisait, ni de sa façon de lire, mais de l'atmosphère contraire, de liesse et de gouaille légère, que son seul nom avait répandu dans la salle. Son passé pesait sur elle. Le public avait espéré un moment de détente. Il s'était préparé à rire. On lui donnait du sérieux. On l'invitait à réfléchir. Ça ne faisait plus son compte. Ce qu'il aurait voulu, ce qu'il réclamait, c'était : *Les Vierges*, *Le Meublé du quartier latin :*

> Et c'est l'chien qui r'lave les assiettes
> A l'hôtel du numéro trois.

Entre l'Yvette présente et le public, s'interposait le souvenir de *La Pocharde :*

> J'viens d'la noc' à ma sœur Annette
> Et comme' le champagne y pleuvait,
> Je n'vous l'cache pas, je suis pompette,
> Car j'ai pincé mon p'tit plumet.

Les échos semblaient siffloter d'eux-mêmes, couvrant sa voix :

> Y a des fill's qu'ont la vie heureuse
> Et qu'occup'nt des bell's positions,
> Moi, j'suis tout simplement pierreuse,
> L'soir, dans les fortifications.

Quel rapport cela avait-il avec *Les Lettres à Françoise?* Yvette Guilbert, intimidée par cet accueil hostile, après avoir essayé de se cabrer et de tenir tête, finit par perdre pied. Ce fut la déroute complète. Se levant, rouge de colère et de dépit, elle sortit de scène, sans même esquisser le salut d'usage, repoussant si violemment la porte sur elle que tout le décor en frissonna. Il n'y avait là qu'un public sélect et choisi. Un retour de conscience lui inspira le remords d'avoir manqué inconsciemment aux règles les plus élémentaires de la courtoisie. Il se mit à applaudir d'autant plus vigoureusement qu'il voulait réparer son offense, mais c'est en vain qu'il rappela l'artiste. Elle s'abstint de reparaître, et l'on devinait à la manœuvre du rideau, à sa descente hésitante, à ses relevées soudaines, qu'une agitation se produisait dans les coulisses, et qu'Yvette, pressée par ses camarades de répondre aux appels, s'y refusait avec obstination. Elle venait d'apprendre à ses dépens que nous restons esclaves des préjugés de l'opinion, et qu'il est inutile, quand une fois elle nous a collé une étiquette au dos, de vouloir s'en affranchir.

A cette représentation de gala, la Duse devait paraître, comme je l'ai dit, dans le IIe acte de *La Femme de Claude* et Sarah Bernhardt, dans deux scènes de *La Dame aux camélias*, celle du jeu, où Armand Duval lui jette à la face, en guise de mépris, les billets de banque qu'il vient de ramasser, et la scène finale, où les deux amants se retrouvent pour se voir désunis par la mort. La Duse et Sarah allaient donc s'affronter devant tout Paris. Ce devait être une partie décisive, un duel sans merci, car il s'agissait bien en réalité d'un duel.

C'est sans enthousiasme que, sur les prières de Montesquiou, Sarah avait accueilli la Duse. Les majestés de théâtre, pas plus que les autres, n'ont le goût du partage. Sarah n'était pas d'humeur à faire bénévolement épaule à la consécration d'une rivale. C'était déjà bien assez qu'elle fût obligée de lire chaque matin dans les journaux tant d'articles consacrés à sa louange. Chacun s'y employait, les uns par ordre, parce qu'ils étaient payés pour cela, les autres par snobisme ou par simple malice, histoire d'embêter Sarah, car elle avait aussi ses jaloux et ses ennemis. La Comédie-Française, dont elle s'était séparée avec éclat et qui avait toujours son départ sur le cœur, en profitait pour lui manifester sa rancune. Son administrateur Jules Claretie ne ratait pas une occasion de célébrer le génie de la Duse et de rappeler qu'elle avait été une *Dame aux camélias* incomparable, ce qui ne pouvait manquer d'alarmer Sarah. Et voilà que le jour même de la représentation, éclate dans la presse un article de la célèbre Adélaïde Ristori, écrit pour la circonstance en français, affirmant que la Duse est la seule actrice dont on puisse dire qu'elle «incarne la femme contemporaine ».

— Ils veulent me dépouiller de ma gloire et

m'enterrer, s'écriait Sarah, réagissant sous la violence du choc, mais je leur montrerai que je suis toujours là !

A ses rancunes d'artiste, s'en mêlaient d'ordre matériel. Sarah avait prêté gracieusement son théâtre pour un nombre convenu de représentations. Or, la Duse, souvent souffrante, devait les espacer et prolongeait son séjour. Sarah s'irritait de la voir abuser de son hospitalité, car durant ce temps, sa troupe à elle et son personnel ouvrier chômaient, dont il lui fallait assurer néanmoins les appointements mensuels.

— « Oh ! la rosse, grinçait-elle, on n'a pas idée d'un pareil sans-gêne ! »

Sarah était furieuse. La Duse n'en pouvait mais. Inquiète, désarmée, douloureuse, pleine de scrupules, elle n'était pas responsable de son bruit. Elle s'en effrayait au contraire. Elle essayait de se le faire pardonner à force d'humilité et de prévenances. Son premier geste à Paris avait été d'accourir à la Renaissance, en spectatrice, pour applaudir Sarah. D'un bout à l'autre de la représentation, elle avait affecté de l'écouter debout, dans sa loge, en signe de profonde déférence, ce qui lui était d'autant plus pénible qu'elle était de constitution délicate et, sauf sur les planches où la passion l'électrisait, fléchissait vite sur ses jambes.

A cette soirée, la Duse fut admirable, au dire de ses partisans. Je me retranche derrière leur opinion, car je n'entends pas l'italien. On avait beau me dire : « Vous n'avez pas besoin d'entendre l'italien pour comprendre qu'elle joue humain », comment aurais-je pu apprécier pleinement la justesse de son débit dans un dialogue dont le sens m'échappait? Il m'y aurait fallu un effort d'attention dont je me sentais incapable. La salle était archi-comble. Il y faisait une chaleur accablante. J'avais cédé mes places à des amis. Impossible de trouver un coin fixe où me caser. Je me glissais où je pouvais, dans les attitudes les plus disloquées pour ne pas gêner les spectateurs agglutinés en rangs de sardines. Mon faux-col se trempait de sueur. L'eau me ruisselait par le corps. Je devais aller, par instants, aspirer un semblant d'air dans les couloirs. Finalement, j'allai me réfugier sur le plateau. Sarah était là, derrière un portant, épiant de l'œil, par une échancrure de la toile, les mouvements du public et le jeu de la Duse. Incessamment, des bravos crépitaient, dont elle se montrait visiblement agacée, comme d'une fusillade ennemie.

Près d'elle, se tenait un groupe de familiers qui, jaloux de lui complaire, affectaient de hausser les épaules et de ricaner à chaque réplique applaudie de la Duse. L'un d'eux, se détachant un moment, se mit à arpenter l'arrière-scène et à mimer, en les outrant, ses gestes désordonnés, ses contractions de visage, sa démarche claudicante, et Sarah retournée l'approuva d'un sourire, ne sachant pas, la malheureuse! qu'un jour

elle boiterait elle-même encore plus fort, puisqu'on lui couperait la jambe.

Elle n'en accueillit pas moins dans ses bras
la Duse, au sortir de scène, mais c'était pour la
galerie. Un flot de gens venait de surgir, comme
par enchantement, de toutes parts, pour féliciter
l'Italienne. Il lui fallait bien dissimuler sa rancune
par orgueil. Avec cette exagération qui est la
caractéristique des gens de théâtre, Sarah couvrait la Duse de baisers et d'effusions :

— Divine !... Ah ! chère, vous avez été divine !

Et elle resserrait si fort son étreinte que le vers
célèbre me revint en mémoire :

J'embrasse mon rival, mais c'est pour l'étouffer.

Sarah devait étouffer sa rivale ce soir-là. Elle
devait l'étouffer, à mon sentiment du moins,
non par des procédés criminels, mais en remportant sur elle une victoire achetée au prix d'un
effort surhumain. J'étais revenu dans la salle
pour l'entendre. Elle m'apparut transfigurée.
On la sentait surexcitée à la fois par l'atmosphère
capiteuse qui régnait autour d'elle et par l'ai-
guillon de la rage. Ses moyens s'en trouvaient
décuplés, et il faut bien avouer que le rôle lui
allait comme un gant. Sa voix même avait
changé. Pleine d'inflexions caressantes, sans
ombre d'éraillement, elle résonnait d'un timbre
pur. Son jeu sobre et concentré prenait, du contraste avec le jeu exubérant et presque impulsif
de la Duse, une valeur plus significative. J'en

fus à ce point conquis que j'en oubliai les tortures de ma position instable et que je ne sentais plus fondre l'empois de mon faux-col. Je suivais tous ses mouvements, tant je les trouvais riches en nuances, chargés d'intentions secrètes. Ses silences mêmes étaient éloquents. Ce n'était plus une actrice que j'avais sous les yeux, mais une femme vivant sa vie. Je n'oublierai jamais l'air dont elle acceptait, à l'acte du jeu, la flétrissure d'Armand. Sous son masque de victime résignée, grondait la révolte de ses vrais sentiments refoulés. C'était d'un effet si poignant qu'on y prenait l'impression du sublime, et je ne puis oublier davantage son geste de stupeur accablée, au dernier acte, lorsqu'elle apercevait pour la première fois, dans une glace à main, son front blanchi et défiguré par la maladie. On la voyait couler à pic au fond d'un abîme de désespoir, et le sursaut brusque qu'elle avait, quand le bruit de la glace, roulée à terre de ses mains, venait la tirer de son anéantissement, était une trouvaille de génie. Ce jeu de scène durait une minute à peine, et c'était un infini de pathétique. Si admirable que la Duse ait pu se montrer dans ce rôle, je ne pense pas qu'elle ait jamais pu y surpasser Sarah, qui, ce soir-là, s'était surpassée elle-même. Ajoutez, pour avoir idée de la perfection du spectacle, que Guitry jouait le rôle d'Armand, et vous concevrez aisément que cette représentation soit demeurée l'un des points culminants de mes souvenirs de théâtre.

XII

SCÈNES POPULAIRES

J'en ai d'autres, qui pour être d'un ordre moins relevé ne m'en sont pas moins chers. Ce sont ceux qui se rattachent aux théâtres populaires de la Villette, Belleville, Grenelle, et Montparnasse, berceau des Mélingue et des Frédéric Lemaître, où leur culte se perpétuait. Ces théâtres avaient encore, de mon temps, leur caractère particulier. Le *mélo* s'y trouvait dans son cadre, que je ne pouvais plus souffrir ailleurs. Ses outrances, ses ficelles et ses conventions y devenaient acceptables. Le Vaudeville et l'Opérette avaient fini par s'y introduire et n'y faisaient pas trop mauvaise figure, parce que l'essentielle qualité de ces théâtres était de disposer d'une troupe d'ensemble où chacun se travaillait à faire valoir son emploi. Ce beau zèle s'est perdu, avec ce qu'il impliquait de probité professionnelle. Les vieux acteurs sont morts, qui avaient le respect et le goût de la tradition, tel celui que je vis, un jour, essuyer une larme furtive, sous le péristyle du théâtre de ses débuts.

Jadis grand premier rôle, en manches de dentelles,
Don César, Hernani, Buridan, tour à tour,
Emporté de colère ou languissant d'amour,
Il flottait dans le songe heureux des demoiselles.

La façon qu'il avait de rouler la prunelle,
D'exagérer le geste et d'enfler le discours,
L'avait rendu célèbre aux foules de Grenelle,
Qui, par lui, se formaient à l'usage des cours.

Depuis qu'il vit, par l'âge, exilé de la scène,
Aux abords du théâtre il rôde l'âme en peine,
Lamentable, et suivi du rire des enfants.

Mais s'il lit sur l'affiche un nom jeune en vedette,
Pris du regret des soirs qui l'ont vu triomphant,
Il s'éloigne, rapide, en détournant la tête.

Les nouveaux courent au cachet. Ils exigent dès leurs premiers pas, les honneurs de la « vedette ». Le goût du public a évolué. Il ne s'intéresse plus au *mélo*. L'ancien répertoire du Vaudeville ne s'enrichit guère. Encore moins celui de l'Opérette. On veut des revues à grand spectacle, caprice ruineux par le temps qui court. Les directeurs en sont réduits à hospitaliser des troupes de passage, recrutées au petit bonheur. Et puis, il y a la concurrence du *Cinéma*. Les théâtres de quartier sont devenus les succursales des grandes scènes parisiennes, et se fournissent de leurs laissés-pour-compte. Ils y ont perdu leur clientèle spéciale, naïve, emballée, clientèle prompte à s'émouvoir, dont les réparties m'amusaient, souvent, davantage que ce qui se disait sur la scène. Mais existe-t-elle encore, cette clientèle ?

Il n'y a plus que des prolétaires conscients. Le *Titi* du poulailler, comme le rapin, est un type disparu. Gavroche est devenu sérieux. Il ne songe plus qu'au *business*. Le peuple de Paris ne sait plus s'amuser à la bonne franquette. Il rit toujours, mais son rire est amer. S'il m'advient, aujourd'hui, de m'égarer dans ces théâtres, je n'y vois plus l'ouvrier en blouse, l'artisan en costume de travail, la commère en camisole, ni ces « messieurs du dimanche » en foulard et en casquette. L'ouvrier en complet de drap, et l'ouvrière, avec son collier de fausses perles, ne se distinguent plus de leur entourage bourgeois.

Ah ! ce théâtre de Grenelle, lieu de récréation des trimardeurs d'usine, des débardeurs de Javel, du personnel ouvrier des ateliers militaires et de la Manufacture des tabacs, des gagne-petit des environs, comme il vibrait d'une vie intense ! J'en appelle à mon vieux camarade Paul Fort, qui ne dédaignait pas de m'y suivre. C'est peut-être là que le prince des poètes a senti s'éveiller, sinon sa muse dramatique, car il comptait déjà le théâtre d'Art à son actif, du moins son goût des drames historiques. Ah ! comme la foule, dès le lever du rideau, se laissait aller à toutes ses impressions, et comme on y saisissait à nu l'âme franche et la sentimentalité naïve du peuple ! Je voyais les péripatéticiennes de la rue Croix-Nivert

fondre en larmes au spectacle de la vertu persécutée, et les récidivistes en rupture de ban,
dont s'ornaient les galeries supérieures, tous les
mort-aux-vaches du rond point des Fourneaux
et du Pont-aux-bœufs, acclamer le gendarme
dont la poigne solide arrête le bras levé de l'assassin. Il fallait entendre de quelles invectives
virulentes ils poursuivaient les mauvais fils, les
voleurs, les bandits, les traîtres! C'est là que je
me suis convaincu que ces gens, que la misère ou
la fatalité force à vivre en marge des lois, sont
restés, pour la plupart, des cœurs sensibles, des
consciences accessibles, pour qui les mots d'honneur et de vertu ont encore un sens.

Et les acteurs, excités par l'ambiance, jouaient
avec une telle conviction, que l'un d'eux, dans
Gigolette, faillit assassiner pour tout de bon son
partenaire. Sympathiques aussi, ces pauvres diables d'acteurs, astreints à un travail de forçats,
qui devaient apprendre leur rôle en huit jours,
et tandis qu'ils jouaient *le Chemineau* le soir, passaient leur journée à répéter *le Maître de Forges*.
Il y avait parmi eux des tempéraments. Dans le
drame, c'était Fontaine, un gars robuste, sur
qui couraient mille bruits d'aventures galantes,
et qui savait rouler la prunelle et les r comme pas
un. Sûr de lui-même, il tenait tête aux cabales et
vitupérait les spectateurs récalcitrants. Dans
Latude ou 30 ans de captivité, il s'était fait, au
dernier acte, une tête pitoyable. Il arrivait
du fond de la scène, cassé, déguenillé. Il n'en

finissait plus de se traîner jusqu'à la rampe, où il attendait d'être arrivé pour ouvrir la bouche. Il voulait donner par là une impression de déchéance. Son intention ne fut pas comprise. Des murmures d'impatience se firent entendre. Se redressant alors de toute sa haute taille, Fontaine jeta aux mécontents un : « Vos gueules, idiots ! » si énergique que le calme se rétablit soudain. Je l'ai entendu, un autre soir, tomber de la langue à plate couture sur le régisseur, qui avait fait baisser le rideau trop vite, le frustrant ainsi de « l'effet d'un silence ». Il ne transigeait jamais avec ses humeurs. Un de ses camarades, avec lequel il était en froid, me confiait un jour : « Croiriez-vous qu'il dédaigne de me saluer dans les coulisses, même quand je suis son roi ? » Dubus, Beuve, Melchior Bonnefois, lui donnaient la réplique et aussi, du côté féminin, Malvina, qui séduisait les grenellois par sa prestance décorative, le goût de ses toilettes et l'abondance de sa bijouterie. Mme Sorel (rien de commun avec notre nationale Cécile de la Comédie-Française) qui incarnait, à la satisfaction générale, l'innocence persécutée et qui, confite en larmoiements, émouvait les cœurs sensibles par le trémolo incessant de sa voix ; Mme d'Epinay, qui promenait à travers les catastrophes les plus effroyables, sa hautaine et inquiétante silhouette ; Jeanne Roy, qui s'auréolait du prestige d'avoir été, au dire de ses camarades, l'amie de Jean Lorrain (une légende, sans doute) ; Jeanne Dalbieu, pathétique à souhait ; Gabrielle Rosny, touchante ingénue, figures aujourd'hui disparues ou oubliées, à qui il me plaît de jeter, en passant, la fleur d'un souvenir. La troupe comique s'honorait de Dargeville, vieux routier rompu à toutes les ficelles du métier, de l'exhilarante Camille Dax, de Lorin et de Jovenet, étourdissants de drôlerie, vite émigrés, comme Beuve et Dubus, sur les grands théâtres, et de Marie Legrand, qui justifiait l'exécration vouée aux belles-mères acariâtres. Et ces braves artistes ne se formalisaient nullement de partager leur succès avec des attractions foraines. C'est ainsi que dans *Haines d'Amour*, épisode de la guerre russo-japonaise, pièce à grand spectacle, écrite spécialement pour eux, par leur fournisseur attitré M. Herbel, les honneurs de l'affiche allaient au « magnifique chameau de la ménagerie Bostock, qui devait paraître au VIIe tableau ». Mais l'étoile, la perle, celle qui emplissait la salle et emportait son public dans un élan suprême d'admiration, celle que l'on acclamait avec transports et que l'on faisait revenir avec des cris frénétiques, c'était Mary-Fichet, la chanteuse d'Opérette. Je ne pense pas qu'elle ait jamais surpassé Jeanne Granier dans le *Petit-Duc*, ni Biana Duhamel dans *Miss Hélyett*, ni Simon-Girard dans la *Fille de M*^me^ *Angot*, ni Rosalia Lambrecht dans *Joséphine vendue par ses sœurs*, ni Ulgalde dans *les 28 jours de Clairette*, ni Lavallière, ni Méaly, ni Pierny... dont elle reprenait les rôles, mais elle n'en brûlait pas moins les plan-

ches comme elles, et n'en avait pas moins sa note
originale, faite d'espiéglerie mutine et de grâce
enjouée. Et sa part était belle encore d'être la
Muse du peuple, versant aux déshérités de la vie
le réconfort de son entrain. Elle initiait à la grâce
et à l'harmonie les rudes travailleurs noirs de
poussière et de suie. Elle les charmait de sa voix
de fauvette, et l'écho de ses refrains jetait jusqu'au fond des pires taudis et des usines douloureuses, comme un rayon de soleil, un reflet d'idéal
et de beauté.

XIII

MES CRIMES

Le crime ne chôme guère à Paris. C'est la
pâture quotidienne des commissariats, mais il y
a crime et crime. Il m'arrivait, souvent, à la sai-
son d'été surtout, comme si la pauvre humanité
entrait, avec la canicule, en ébullition de mar-
mite, d'être réveillé, la nuit, pour aller entendre
à l'hôpital un individu que les agents venaient
de ramasser sur le trottoir, la peau trouée d'une
balle de revolver ou d'un coup de couteau. Il ne
s'agissait pas là d'attaques nocturnes proprement
dites, auxquelles je ne crois guère. Moréas, noc-
tambule enragé, me donnait raison, qui, lorsqu'on lui opposait les récits contraires des journaux, répondait : « Il y a des gens si peureux
qu'ils trouvent toujours le moyen de se faire
assassiner ». Corrigeons le mot « peureux » par
« étourdis » ou « imprudents », et sa boutade
prendra valeur d'axiome. Les journalistes dra-
matisent volontiers les faits divers, pour impressionner la foule. Ils nous parlent, à chaque instant, de braves gens détroussés à main armée au

coin des rues. Les lecteurs devraient bien se
demander pourquoi ces braves gens détroussés
se trouvent toujours avoir en poche la forte
somme. Serait-ce le privilège des agresseurs
d'avoir la main heureuse? Ou n'est-ce pas,
plutôt, qu'ils ont accoutumé de n'agir que dûment
renseignés et sur filature? A moins qu'ils ne se
soient laissé induire en tentation par un noc-
tambule assez mal avisé pour compter son
« avoir » à la lueur d'un bec de gaz, ou débander sa
bourse, sur le zinc d'un comptoir, en suspecte
compagnie. Je reste persuadé qu'un citoyen
paisible et circonspect ne risque aucun danger à
déambuler tard dans les rues de Paris. Oui,
certes! les balles et les coups de couteau y pleu-
vent, à la fermeture des bars et des bals-musette,
mais ce n'est guère à l'adresse des gens de bien.
Rien de commun avec l'attaque nocturne que ces
rixes engendrées par la jalousie ou par l'alcool, et
les blessés, qui demeurent sur le carreau, ne sont
guère beaucoup plus intéressants que leurs assaillants. Le tout se passe entre gens de même bord.
Tant pis pour qui s'y mêle par vice ou par curiosité! La plupart de ceux que j'ai visités à l'hôpital avaient la conscience si peu tranquille
qu'ils s'effrayaient de ma présence, et refusaient
de répondre à mes questions. Et, quand c'étaient
des gens de façade honorable, ils me suppliaient
de ne pas me mêler de leur mésaventure, de peur
qu'elle ne vînt à s'ébruiter. Ils avaient leur raison
pour préférer le silence. Ce n'est là que la menue

monnaie du crime. Il y a des attentats autrement sérieux, dont les victimes innocentes ont le droit de crier fort, et dont l'action publique ne peut se désintéresser. De ceux-là, j'en ai vu aussi se dérouler de toutes les couleurs, et je n'en finirais pas, s'il me prenait fantaisie de vous en dévider le chapelet. A quoi bon, d'ailleurs? Les plus fréquents sont d'ordre passionnel. « *Amour, Amour, quand tu nous tiens!...*» Ce sont tragédies domestiques, dont je ne pourrais parler sans nuire à l'honneur des familles, et les autres, où ne figurent que des personnages obscurs, ne valent guère la peine d'être enregistrés par l'histoire. Aussi bien, pour dire franc, je me soucie peu de perpétuer les exemples de la scélératesse humaine, outre que je craindrais, en remuant ce fumier de hontes, d'en semer l'air de germes contagieux. Le crime est, au moins, contagieux sous sa forme la plus ordinaire : le suicide. Il y a des épidémies de suicide. On n'a pas oublié l'histoire de cette guérite du palais de Saint-Cloud que l'on dut supprimer, à l'époque du premier empire, parce que tous les factionnaires s'y pendaient. J'ai connu, au quartier Saint-Lambert dans une maison, heureusement disparue depuis, de la rue Robert Fleury, un logement devenu inlouable, parce qu'il avait bruit de cette nature. Tous ses occupants s'y étaient suicidés en série. Et le plus curieux, c'est que ces suicides offraient le même caractère de folie furieuse. L'un, après avoir révolutionné le voisinage de ses menaces, s'y était détruit à l'aide d'un fusil de chasse, appuyé contre le mur et manœuvré de son orteil nu. L'autre s'y était brûlé la cervelle, après avoir mis le feu à son mobilier. Un troisième, après avoir tailladé d'un rasoir le cou de sa femme, avait pratiqué la même opération sur lui-même. Une ménagère s'y était jetée par la fenêtre dans la rue, ses deux enfants en bas-âge dans les bras. Une famille entière s'y était asphyxiée.

Pour un magistrat, il n'y a de vraiment intéressants que les crimes qui se présentent entourés de mystère. Le commissaire se passionne au jeu s'il s'agit d'identifier un malfaiteur inconnu quand ce n'est pas la victime, comme il se produit pour les cadavres coupés en morceaux. Je ne sais plus qui disait fort justement, qu'avant d'estimer un chef de la sûreté, il fallait l'attendre à cette suprême épreuve. Or, il faut bien avouer qu'il n'en est guère, parmi les meilleurs, dont la réputation n'y ait laissé des plumes. Pour ne parler que des affaires les plus récentes, ni les débris de femme, trouvés le 5 avril 1886, à minuit, par un sieur Teyver, près de l'église de Montrouge, ni ceux trouvés le 31 octobre 1892 par le chiffonnier Angot, dans un terrain de la rue Botzaris, ni les fragments d'homme, trouvés ces temps derniers, dans une péniche du canal Saint-Martin, n'ont pu etre identifiés. Même, l'éminent chef de la sûreté, Jacob, ne pourrait se prévaloir d'avoir identifié la femme Le Manach, dépecée en 1876 par Billoir, puisqu'elle avait été reconnue par un témoin, sur les dalles de la Morgue, pas plus que l'éminent M. Macé, son successeur, ne pourrait se prévaloir d'avoir identifié les deux victimes dépecées du gardien de la paix Prevost[1], puisque ce dernier, pincé en flagrant délit, lui en avait révélé le nom.

Mais, là encore, le commissaire de police de quartier a peu loisir d'exercer sa perspicacité, car il se voit aussitôt dessaisi de l'affaire par le Parquet et la Sûreté. On consent à le laisser se débrouiller pour les affaires sans importance. Le juge lui délègue une commission rogatoire, la Sûreté lui adjoint un ou deux agents, mais dès qu'une affaire à retentissement se présente, la Sûreté s'en empare, avant même l'intervention du juge, et le pauvre commissaire n'a plus qu'à se résigner à l'office de greffier. Voudrait-il agir autrement qu'il ne le pourrait, faute de ressources en loisir et en personnel.

N'attendez donc pas de moi la liste complète de mes crimes. Il me suffira pour vous en donner idée de vous relater mon premier et mon dernier. Ce sera la parenthèse ouverte et fermée sur les autres qui s'y trouveront plus à l'aise pour y sommeiller en bloc et s'y laisser oublier.

Mon premier crime remonte au 10 septembre 1886. J'étais depuis deux mois secrétaire suppléant au commissariat du quartier de la porte Saint-Martin. Le secrétaire titulaire s'appelait

1. Voir le tome I de mes *Souvenirs de Police*.

Noailles. Il avait pour intime ami un autre secrétaire, nommé Danjou, nom tout aussi ducal
de consonance. Il n'y manquait qu'une apostrophe que mon oreille se plaisait, d'instinct, à
lui restituer. Rien ne m'était plus agréable, lorsqu'ils étaient ensemble, que de les entendre s'interpeller. C'était à chaque instant des : « A propos, d'Anjou... » des « Savez-vous, Noailles...? »
qui sonnaient dans l'air en rumeurs de fanfare.
Il me suffisait de fermer les yeux, pour me croire
transporté, à travers les siècles, dans les salons,
dorés de Versailles, au temps du Roi-Soleil, et
vivre une page de Saint-Simon. Je devais retrouver Danjou plus tard, commissaire de police au
quartier de l'Ecole Militaire. Nos commissariats
se touchaient, dos à dos, pour ainsi dire, le mien
boulevard Garibaldi, le sien, avenue de Breteuil. Noailles termina sa carrière comme secrétaire sans pouvoir ceindre l'écharpe. Il n'y en
avait pourtant pas de plus digne. C'était un praticien d'entendement fort aiguisé, un maître procédurier. J'ai eu souvent l'occasion de m'applaudir d'avoir été élevé à son école, et si j'ai fait
preuve, dans ma carrière, de quelque compétence,
c'est à lui que j'en suis redevable. Il avait subi
brillamment l'épreuve du concours de commissaire. Il allait franchir le pas. Sa nomination,
annoncée dans les journaux, avait été rapportée
au dernier moment, je ne sais pour quel motif.
Peut-être lui reprochait-on des petits écarts de
conduite, car, aussi intrépide au plaisir qu'au

travail, il ne se cachait pas d'être ce que nos pères appelaient « un furieux abatteur de bois ». Il jetait volontiers le mouchoir ; mais c'est un défaut de jeunesse, dont on se corrige vite avec l'âge, et il faut bien que les qualités aient leur rançon. Sa vie privée n'était pas exemplaire, mais elle n'offrait rien de scandaleux, et j'en ai vu nommer d'autres auxquels aurait pu s'adresser le même reproche, qui n'avaient pas, pour excuse, dans toute leur personne, la moitié de la science et de l'habileté qu'il possédait dans son petit doigt, mais tout, ici-bas, n'est qu'une affaire de chance.

Faute d'un local approprié, je partageais son bureau. Nos deux tables se faisaient vis-à-vis. Or, le jour susdit, à trois heures de relevée, tandis que je travaillais à ses côtés, une femme affolée pénétra comme un boulet dans le commissariat · « Venez vite ! On s'assassine chez moi ! » Elle n'en put dire davantage et s'affaissa, brisée par l'effort de la course et la violence de l'émotion. C'était la tenancière d'un garni sis au nº 16 de la rue Albouy. Noailles, avec sa décision accoutumée, se lève, prend sa canne et son chapeau : « Allons ! » me dit-il, et laissant l'inspecteur de service s'empresser auprès de la logeuse, nous voilà partis, courant comme des lévriers, sans armes ni gardiens, puisque nous n'en avions pas sous la main ni le temps d'en chercher. La rue Albouy était noire de foule, stationnant sous les fenêtres du meublé, et juste au moment de notre arrivée, cette foule, agitée d'un violent remous, se rejette en bousculade sur le trottoir opposé, en poussant un cri d'horreur.

Au ressort du volet du deuxième étage, une main venait d'accrocher, par les cheveux, une tête de femme fraîchement coupée.

Noailles et moi, enfilons l'escalier jusqu'à l'étage, où nous rejoignent deux gardiens de la paix, prévenus par la rumeur publique. La porte du logement était verrouillée à l'intérieur. Nous avons beau y cogner et nous égosiller à crier la formule sacramentelle : « Ouvrez au nom de la loi ! » elle persiste à rester close. A quatre, nous pesons sur elle de tous nos efforts. Le palier formait cage. La vitre d'un judas percé dans la cloison de droite, auquel dans notre précipitation nous n'avions pas pris garde, se débloque soudain et il en jaillit une tête d'homme effroyable. Le feu de la rage lui sortait par les yeux, et cette sorte de monstre braquant sur nous le canon d'un revolver nous cria d'une voix qui ressemblait à un fracas de tonnerre :

— Ah ! salauds !... Vous n'y couperez pas ! Trois détonations successives retentirent. Par bonheur, personne ne fut atteint. Un mouvement instinctif nous avait fait piquer du nez à terre. Les balles allèrent se loger dans la cloison d'en face, puis l'homme disparut en reclaquant violemment la vitre dépolie du judas. D'autres gardiens survenaient à mesure, dont les efforts s'unissaient aux nôtres pour enfoncer la porte, qui résistait toujours, et derrière laquelle nous percevions un vacarme du diable. L'homme y entassait ses meubles pour s'y barricader. Quand enfin, la porte, sous notre ruée, se décida à voler en éclats, deux nouvelles détonations éclatèrent, mais non plus à notre adresse, cette fois. C'est contre lui-même que l'homme avait tourné son arme, et il tombait, la tête fracassée, près du cadavre décapité de sa victime, au milieu d'un bouillonnement de sang. Leurs vêtements déchirés, laissant les corps à demi-nus, disaient la violence de la lutte. La chambre était pleine d'une odeur de boucherie, et les meubles renversés, les débris de verre et de vaisselle, offraient une image de désordre indescriptible.

Tandis que nous examinions les cadavres, un agent s'était précipité à la fenêtre pour décrocher la tête, qu'il empoigna par la chevelure et qu'il revint déposer, molle et gluante, sur la table. Elle s'y renversa lentement avant de trouver son équilibre, ce qui en fit jouer les muscles Elle battit des paupières. Sa bouche s'ouvrit, dans une apparence de vie, comme si elle voulait parler. J'ai rarement connu de minute plus impressionnante.

Nous ne savions rien des mobiles du drame et nous n'avions pas à nous en inquiéter, puisque l'assassin s'était fait justice. L'action publique se trouvait éteinte. Nous n'avions plus qu'à dresser procès-verbal aux fins d'inhumation. Le livre de police du garni nous apprit que la femme était une nommée Léa Héritier, 20 ans, se disant couturière, et l'homme un nommé Marius Blanc, 29 ans, garçon boucher. Il sortait de Mazas, où il avait purgé une condamnation à trois mois de prison pour vagabondage spécial. Il avait vécu maritalement avec la fille. L'avait-il tuée par vengeance, s'il avait été dénoncé par elle, ou par jalousie, sur son refus de reprendre la vie commune? Mystère. Autant qu'il était permis d'en juger, sous sa défiguration présente, la fille avait dû être assez jolie. Un corps blanc, ferme et bien modelé. Celui de l'homme, couvert de tatouages, donnait l'impression d'une vigueur peu commune. Il fallait, en effet, qu'il fût doué d'une force herculéenne pour avoir réussi à trancher une tête de 20 ans avec un vulgaire couteau de cuisine.

Nos constatations achevées, Noailles et moi reprîmes le chemin du commissariat, tout étonnés de nous retrouver sains et saufs après cette terrible alerte. A la rude secousse de nos nerfs, succédait un sentiment de bien-être et de plénitude. La foule stationnait toujours devant l'immeuble, et ce coin de rue palpitait encore d'une émotion intense, mais, au fur et à mesure que nous nous en éloignions, les choses reprenaient leur visage tranquille et accoutumé. La vie continuait. Des enfants sortaient de l'école, des gens se prélassaient aux terrasses des cafés, des oisifs flânaient au soleil, des boutiquiers fumaient leur pipe, sur le pas de leur porte, sans se douter de l'effroyable drame qui venait de se jouer à deux pas de là. Des ouvriers sifflaient joyeusement sur leur échelle, pressés de bâcler leur besogne pour retourner plus vite à leurs plaisirs. Tous me faisaient l'effet de fantômes et me paraissaient appartenir à un autre monde, tant je demeurais encore séparé d'eux par un orage de sang et de feu. Des couples passaient enlacés. Ils se souriaient comme s'ils étaient assurés d'une éternité de bonheur. Marius et Léa avaient dû se sourire ainsi, aux premiers jours de leur liaison. Ils avaient dû, ensemble, le long des faubourgs et sous les tonnelles de banlieue, échafauder des projets d'avenir. Ils avaient été semblables à ces enfants, que je voyais jouer autour de moi, sans savoir qu'ils seraient un jour possédés par tous les démons de l'enfer. Mais notre vie a si peu d'importance! Le flot quotidien s'était déjà refermé sur ces deux cadavres et, demain, dans la même chambre, où la folie humaine s'était déchaînée jusqu'au paroxysme, un autre couple s'installerait et se mignarderait, sans en rien savoir.

Noailles s'était saisi du couteau de cuisine qui avait servi d'arme à Marius pour décapiter sa maîtresse. Il l'avait apporté au commissariat. Je n'aime pas ces reliques que je considère comme chargées de maléfices. Tout ce qui touche au crime m'inspire une sorte de terreur superstitieuse. Cette arme fut recueillie par notre chef, le commissaire du quartier, M. Beaurain, qui après l'avoir fait nettoyer, eut la fantaisie de s'en servir en guise de coupe-papier. Il riait de mes aversions à l'encontre de ce coupe-papier, dont il affectait de se servir en ma présence, et qu'il plaçait toujours en évidence sur son bureau. Or, du jour où cette arme tomba en son pouvoir, M. Beaurain fut atteint de troubles nerveux et, quelques mois plus tard, on dut l'interner comme fou. Il n'y a peut-être là qu'une coïncidence, mais assez troublante pour justifier mes craintes et m'enraciner dans mes préventions.

Passons à mon dernier crime.

Le mercredi 30 juillet 1913 (j'étais alors commissaire au quartier de Plaisance) on vint me prévenir, dans la matinée, qu'une locataire du 25 de la rue Daguerre n'avait pas paru depuis trois jours. On craignait qu'il ne lui fût arrivé malheur. Il s'agissait d'une jeune femme de 23 ans, Marie-Louise Porret, originaire de Saint-Flour, qui avait lâché son état de demoiselle de magasin pour vivre des péchés de ce bas monde. En passe de conquérir le brevet de demi-mondaine, elle s'était recruté une clientèle de petits bourgeois. Des messieurs d'âge mûr, d'estimés pères de famille, venaient régulièrement se divertir, chez elle, du pot au feu quotidien, en toute sécurité. Ces messieurs avaient leur jour. Ils s'ignoraient les uns les autres, ce qui permettait à la rusée de faire, avec plus de succès, appel à leur générosité. Elle logeait là depuis deux ans.

Elle y était venue avec sa mère dont la présence lui donnait figure d'honorabilité, mais la mère était bavarde. Elle jasait à tort et à travers. Ses indiscrétions avaient mis la puce à l'oreille du plus sérieux des clients, un officier ministériel de Seine-et-Oise, qui avait jugé préférable de rompre, par mesure de prudence. Les deux femmes s'étaient brouillées. Louise avait congédié sa mère, qui était allée demander asile à l'aînée de ses filles, logeuse rue Saint-Bernard, et, soit nécessité de chaperon, soit pressentiment que l'isolement lui serait fatal, l'avait remplacée par sa grand'mère qu'elle avait fait venir exprès de son village d'Auvergne. Or, le 17 juillet, cette grand'mère était allée faire un tour au pays. Louise occupait une femme de ménage qui, chaque matin, venait nettoyer le logement, et s'y introduisait, sans déranger personne, à l'aide d'une double clé. Le jour même où Louise avait accompagné sa grand'mère à la gare de Lyon, cette double clé disparaissait. La femme de ménage ne s'en alarma pas outre mesure. C'était un accident banal, mais il lui fallait sonner pour se faire ouvrir. Elle avait vu sa patronne, pour la dernière fois, le matin du lundi précédent. Le mardi, elle avait sonné inutilement et s'était retirée sans inquiétude. Il arrivait parfois à sa patronne de découcher, mais, ce mercredi, elle s'étonna d'un silence aussi persistant, d'autant plus que, dans les entrefaites, Louise n'avait donné signe de vie à personne. Toute la maison commentait cette absence inusitée. Des voisins se souvinrent alors avoir entendu, le lundi, c'est-à-dire deux jours auparavant, à deux heures de l'après-midi, un bruit suspect dans son logement, des éclats de voix, comme au cours d'une dispute, puis l'écroulement d'un corps. C'était assez pour que l'on jugeât utile de m'aviser.

Le 25 de la rue Daguerre ne faisait pas partie de mon quartier, mais je me trouvais, ce jour-là, en l'absence de mes deux autres collègues, l'un malade, l'autre en congé, chargé, par *interim*, du service de tout l'arrondissement. Je me rendis incontinent sur les lieux, accompagné d'un serrurier. Le logement, situé au cinquième étage, se composait d'un vestibule-couloir, d'une cuisine, d'une salle à manger et de deux chambres à coucher. La porte ouverte, j'eus immédiatement l'impression d'un crime. Tout était bouleversé dans la salle à manger où je pénétrai d'abord. Un coffre-fort de petit modèle, bâillait, tout grand ouvert, sur la table, à côté d'un fatras de boîtes, d'écrins vidés de leur contenu, de factures, de lettres et d'enveloppes, de papiers divers, jetés pêle-mêle. En revenant dans le vestibule, j'y vis des traces de sang que l'obscurité m'avait masquées d'abord. Leur trace me conduisit à la chambre à coucher de la fille. Son cadavre gisait, à terre, au pied du lit, à peine vêtu d'une chemise et d'un peignoir, le visage tuméfié. Elle avait reçu deux coups de couteau dans la région du cœur.

La mort semblait remonter à plusieurs jours, au lundi où les voisins avaient perçu le bruit d'une dispute. Le jour et l'heure du crime étaient donc précisés. Le vol semblait en être le mobile. Louise Porret disposait de quelques économies. Elle avait les qualités d'ordre et d'épargne de sa race. Elle tenait comptabilité exacte de ses dépenses et de ses recettes. Elle possédait quelques bijoux de prix. Tout ce qui se trouvait de valeurs, chez elle, avait été raflé, mais puisque le malfaiteur avait pris soin de fouiller sa correspondance, je supposai que la jalousie y était pour quelque chose, et je crus y démêler une jalousie intéressée de souteneur. Ce fut là ma première idée. Tandis que je procédais à mes constatations, trois coups discrètement frappés, à intervalles égaux, présentant toutes les apparences d'un signe conventionnel, se firent entendre à la porte. J'ouvris moi-même. Je me trouvai en présence d'un bon papa de bourgeois endimanché, évidemment l'un des clients de la dame. C'était son jour. Il venait déjeuner avec elle, muni d'un pâté ficelé qu'il tenait d'une main, tandis qu'il dissimulait de l'autre, derrière son dos, un bouquet de fleurs, dont il lui ménageait la surprise. Jugez de son émoi en apercevant une figure inconnue qui pouvait lui faire soupçonner un rival et un guet-apens ! Il arrivait, tout rayonnant, alléché d'une promesse de bonheur. Sa béatitude en fut rengainée du coup et je vis son visage plénilunier de bon vi-

vant perdre couleur et se contracter à la façon
d'un pruneau sec. Ce fut pire encore lorsqu'il
aperçut, derrière moi, des agents en uniforme. Il
faut bien convenir que cette vue n'était pas faite
pour lui racoutrer les foies. Une descente de police! Il n'avait plus souci que de détaler, mais
je me devais de le retenir et de l'interpeller. Je
supposais bien qu'il n'était pour rien dans l'affaire, mais peut-être pouvait-il m'instruire sur les
entourages et les habitudes de la dame, et me
donner le signalement de ses bijoux. J'en fus
pour mes frais. Plus mort que vif, il me bégaya
quelques réponses qui me prouvaient son incom-
mensurable candeur. Il se croyait l'unique amant
de la dame et la supposait une « vertu ». Je mis
le plus vite possible fin à son supplice en le
congédiant, mais après lui avoir fait décliner ses
nom, qualité et adresse, ce qui acheva sa ruine
morale : « Mon Dieu, se désolait-il, pourvu que
ma femme ne sache rien! » et remportant le pâté
et le bouquet dont il ne savait plus que faire, il
redescendit péniblement, écrasé sous le double
poids de l'inquiétude et de la honte. Et je revins
à mes constatations.

En consultant la correspondance de la victime,
j'appris qu'elle avait un amant de cœur, un
nommé Brionnaud, actuellement soldat, en garnison à Epinal, à qui elle envoyait de l'argent
toutes les semaines. Je ne pensais pas qu'il ait
pu faire le coup, puisqu'il lui annonçait, par
lettre, son arrivée prochaine en permission.

D'ailleurs, puisqu'il était au régiment, il serait facile de vérifier l'emploi de son temps. Ce Brionnaud était un champion cycliste. Il me parut, en poursuivant mon examen des papiers épars, que Louise avait la toquade des professionnels du sport. Des portraits de boxeurs, découpés par elle dans les journaux, voisinaient au fond d'un coffret, avec des photographies d'athlètes aux pectoraux saillants.

En somme, le crime avait été prémédité. Il avait été commis, sinon par un familier de l'apprentie demi-mondaine, du moins par un homme au courant de ses habitudes, puisqu'il était instruit du départ de la grand'mère et qu'il avait choisi ce jour-là pour s'emparer de la clé de la femme de ménage. Comment se l'était-il procurée? La femme de ménage ne se rappelait plus exactement les circonstances de sa disparition. Peut-être l'avait-elle par mégarde laissée extérieurement sur la porte et le malfaiteur, aux aguets, se glissant derrière elle, était venu s'en emparer. Louise Porret connaissait l'homme. Elle se méfiait de quelqu'un, puisqu'un jour, partant en courses, elle avait dit à sa femme de ménage : « N'ouvrez à personne en mon absence!» et qu'elle avait indiqué à ses clients un signe d'appel conventionnel pour se faire ouvrir. J'imaginai donc qu'elle était poursuivie par un individu et que cet individu s'était introduit chez elle à l'aide de la clé dérobée. Et il s'était produit ceci : La femme, résolue à se débarrasser d'un importun, avait voulu le repousser. Il s'en était suivi une lutte où l'homme, voyant rouge du dépit d'être évincé, avait tiré un couteau de sa poche et frappé la femme. Elle avait été frappée dans le vestibule même, comme le prouvait la mare de sang coagulé sur le tapis-brosse de l'entrée où des cheveux étaient encore collés, puis l'homme l'avait traînée dans sa chambre.

Quel pouvait être cet homme? Plus je réfléchissais, plus, revenant de mes premières impressions, il me semblait flairer là un drame passionnel. Le vol n'avait-il pas été simulé, après coup, pour égarer les soupçons? Les cambrioleurs de profession n'agissent guère isolément, et puisqu'ils étaient renseignés sur les habitudes de la dame et qu'ils avaient en mains la clé du logement, il leur aurait été facile de s'y introduire en son absence. Or, l'inconnu avait précisément choisi l'heure où il était sûr de la trouver. Il avait donc quelque chose à lui dire. A moins d'être aveuglé par une passion furieuse de désir ou de vengeance, on n'a guère idée de s'aventurer, seul, dans un immeuble habité de cinq étages, au milieu d'une rue passagère, en plein jour, pour y commettre un assassinat. C'est miracle que l'assassin ait pu se retirer couvert de sang et les mains pleines sans éveiller l'attention. J'imaginais donc que l'homme n'était venu ni pour voler, ni pour assassiner, mais pour avoir une explication avec la dame. Ce devait être l'un de ses amants, non pas un ancien amant congédié, les premiers renseignements l'auraient fait connaître, mais un amant de rencontre, l'amant d'un soir, jaloux de se faire agréer comme amant en titre, ou un simple soupirant dédaigné et qui s'était juré de parvenir à ses fins. L'état du cadavre que j'avais trouvé étalé, presque nu, le peignoir défait, la chemise impudiquement retroussée, autorisait cette hypothèse et me remettait en mémoire les vers de Baudelaire :

> L'homme vindicatif que tu n'as pu, vivante,
>   Malgré tant d'amour assouvir,
> Combla-t-il sur ta chair inerte et complaisante
>   L'immensité de son désir?

Et il y avait chance pour que cet homme fût un champion sportif. C'est de ce côté que je dirigeai mes recherches, en consultant les photographies d'athlètes trouvées dans le logement, et dont je recherchai les originaux. Brionnaud, ainsi que je le pressentais, avait été, dès les premières vérifications, mis hors de cause. Je fouillai tous les milieux sportifs de mon quartier. Le célèbre gymnase Martin de la rue Niepce, riche en costauds de tout poil, avait disparu depuis peu. Sa clientèle avait émigré au gymnase Falconnier, qui venait de s'ouvrir, rue Vandamme. J'en vis défiler, à mon commissariat, tous les habitués, sans pouvoir recueillir le moindre indice utile. Il m'aurait fallu pousser

une pointe jusque dans les gymnases de Montmartre et de Ménilmontant, mais, comme il
arrive toujours en pareil cas, j'étais bientôt
dessaisi et je dus passer la main au service de
sûreté. Depuis, je n'ai plus entendu parler de rien
et je crois bien que l'assassin n'a jamais été
identifié, ce qui me confirme dans l'opinion
qu'il ne faisait pas partie d'une équipe de malfaiteurs professionnels, car il n'aurait pas tardé
à être dénoncé, tôt ou tard, et ses empreintes
digitales auraient parlé.

Après tout, les meilleures polices ne sont pas à
l'abri des déceptions. La liste est longue des
crimes restés impunis, sous toutes les latitudes et
sous tous les régimes. J'avertis pourtant les criminels que, s'ils peuvent se flatter d'échapper à
la justice humaine, ils auraient tort de se flatter
d'échapper à tout châtiment. Je n'entends pas
parler des remords de conscience. Certains êtres
en sont dépourvus. Est-ce que Lebiez, l'étudiant en médecine qui avait assassiné une vieille
femme pour la voler, ne faisait pas l'apologie du
meurtre, le lendemain de son crime (sans se dénoncer lui-même bien entendu) dans une con-
férence à la *Salle d'Arras*, en s'autorisant de la
théorie de Darwin : *la lutte pour la vie?* Il trouvait fort légitime d'avoir supprimé une existence
à son profit. Il eût défendu sa cause avec plus
d'assurance encore s'il avait connu Nietzsche. Il
pensait avoir agi sagement, comme ces sauvages
qui tuent leurs vieux parents par scrupule reli-

gieux, pour les soustraire aux infirmités de l'âge, et s'en nourrissent.

Je n'entends pas parler davantage de la vengeance divine. Dieu ne m'a pas fait ses confidences. J'ignore ce qui se passe au ciel, mais je sais ce qui se passe sur la terre, et je n'ignore pas la loi des compensations fatales. L'expérience m'a prouvé que tous nos actes portaient, dès ici-bas, leur sanction : « Nos actes nous suivent » dit le psychologue clairvoyant, le moraliste averti, qu'est M. Paul Bourget. On parle quelquefois du triomphe des méchants. « C'est, disait Alphonse Daudet, qu'on ne les suit pas assez ». Regardez autour de vous. Lisez l'histoire. Voyez ce qu'il advient des conquérants et de leurs conquêtes. Voyez les rusés se prendre à leurs propres ruses. C'est une vérité reconnue qu'il n'y a pas de plus trompés que les trompeurs, ni de plus volés que les voleurs. « Qui se sert de l'épée, a dit le Christ, périra par l'épée. » « Qui vit du mal périra par le mal. »

Les policiers n'ont pas à s'embarrasser de ces considérations. Leur unique devoir est de mettre la main au collet des malfaiteurs et de s'y employer avec zèle et ténacité. Ce n'est pas à eux que ma réflexion s'adresse. Je ne tiens pas à leur fournir une excuse en cas d'insuccès. Ce serait vraiment trop commode et une mince fiche de consolation, pour eux, que de se dire : « La marche naturelle des choses fera ce que nous n'avons pu faire. » Mais cette marche naturelle existe, et le jour où les criminels s'en seront convaincus, ils s'aviseront peut-être de corriger leurs mauvais instincts, et il y aura peut-être moins de sang inutilement répandu sur la terre.

XIV

MES CONSTATS D'ADULTÈRE

Il n'y a pas que les crimes qui passionnent l'opinion. Il y a aussi les histoires d'alcôves et les constats d'adultère. Que de fois, dans un salon, me suis-je entendu dire, à l'heure du thé: « Parlez-nous donc de vos constats d'adultère. Ah! que ce doit être amusant!» Et le cercle des dames de se rapprocher aussitôt, avec un frétillement de perruches en appât d'une friandise. Je me gardais bien de répondre à l'invite, autant par discrétion et pour la conséquence que je porte à l'honneur des familles, que par souci de leur éviter une désillusion. Je préférais laisser vagabonder leur imagination.

Les gens se représentent un constat d'adultère dans la vie, comme au théâtre. C'est, pour nos vaudevillistes, prétexte à dilater la rate et chatouiller la sensualité des spectateurs.

Les friands de plastique, ceux qu'impressionnent les monuments de la statuaire antique, imaginent le commissaire jetant son filet à l'improviste, comme Vulcain, sur la splendeur accou-

plée de Mars et de Vénus, mais son intervention n'est jamais si inopinée que les coupables
n'aient le temps de paraître, devant lui, décem-
ment vêtus. Il lui faut se faire ouvrir, heureux
quand on ne l'oblige point à envoyer quérir un
serrurier. Et si son intervention était assez
foudroyante pour saisir les amants au vif de
leurs ébats, le magistrat ne s'en croirait pas
du même coup, transporté en plein ciel. « Les
dieux s'en vont, comme dit Laforgue, plus que
des hures ! » Le commissaire reculerait plutôt
d'horreur devant de pauvres anatomies,

Produits avariés, nés d'un siècle vaurien,

plus propres à éveiller, en lui, des souvenirs de
clinique et d'hôpital que les fastes de l'Olympe.
Il sentirait, comme Baudelaire, devant ces
« monstruosités pleurant leurs vêtements » pénétrer dans son âme un froid ténébreux.

La nudité n'est pas toujours amorce à volupté.
Il se peut même qu'elle en soit devenue, depuis
l'âge des jarretières et des corsets, le plus sûr
contre-poison. On s'étonnait, jadis, de la générosité du maréchal de Roquelaure qui, lors de la
mise à sac d'une ville ennemie, avait respecté
son lot de vierges captives. Elles étaient sorties
intactes de ses mains, aussi pures qu'on les y
avait amenées : « C'est, dit-il, que je les avais fait
déshabiller auparavant. »

Le commissaire a bien d'autres idées en tête

lorsqu'il s'achemine à ses constats, que celle d'assister à une apothéose de music-hall. Les Phrynés sont rares de nos jours, et s'il subsistait, en lui, quelque velléité de gaillardise, les conditions où il opère auraient tôt fait de l'en purger. Les constats se font à la première heure, heure légale : quatre heures du matin l'été, six heures, en hiver. On n'a pas tous les jours ce que M. Maurice Rostand appelle des « matins triomphants », surtout quand le devoir vous a tiré implacablement du lit, avant la somme de repos strictement nécessaire. Les commissaires, qui font appliquer la loi sur la journée de huit heures, n'en connaissent pas les bienfaits. On ne les tient pas quittes de besogne après les huit heures de présence à leur bureau. Le reste se passe en services de théâtre et corvées accessoires. Je ne sais pas si, durant toute ma carrière, j'ai jamais joui d'une nuit de repos complète [1]. A six heures du matin, l'hiver, c'est à peine s'il fait jour. On s'est levé hâtivement à la chandelle [2], ce qui est peu propre à vous donner des idées roses. On descend en courant dans la rue. Après ce bain d'air glacé, on pénètre dans une chambre obscure, matelassée et poissée de sommeil, sensation déjà pénible dans les logis bourgeois, intolérable dans les galetas ouvriers, où flottent des

---

1. Les Commissaires jouissent, aujourd'hui, du repos hebdomadaire, qui leur était inconnu de mon temps.

2. On voit que ces mémoires datent déjà, tant nos mœurs se transforment vite.

relents d'évier et de cuisine. J'ai vu, un matin, un homme du peuple, pressé de m'ouvrir, culbuter du pied le vase de nuit, placé au milieu de la chambre, et en répandre le contenu sur le plancher. On n'y voyait goutte. Il me fallut patauger là-dedans, et ma narine appelait en vain, pour secours, tous les parfums de l'Arabie Pétrée. Ah! ce n'était pas la chambre dont parle Ronsard :

> O, de liesse et de népenthe pleine !

Cette fois je trouvai la femme :

> dans le simple appareil
> D'une beauté qu'on vient d'arracher au sommeil

Mais je vous jure que je n'en reçus aucun éblouissement. Comme l'amant, faute d'allumettes, tardait à allumer la lampe, la femme se leva, jurant et pestant contre lui, en vraie mégère qu'elle était. Elle se souciait peu de se montrer en chemise et de laisser flotter au vent deux calebasses, qui eussent fait la fortune d'une école de natation comme bouées de flottaison. Sa chevelure horrible, toute en mèches tordues, véritable nid couleuvrin, lui donnait un tel aspect de sorcière qu'en la voyant se pencher vers les cendres de la cheminée, pour en tirer une étincelle, je m'attendais à l'y voir disparaître, en route vers le Sabbat. Le mari m'accompagnait, mais redoutant la langue de sa femme, il était resté prudemment derrière la porte. Il se réjouissait de ce constat, qui allait lui permettre de régulariser sa situation, car il s'était déjà mis en ménage avec une autre et les « petits vins blancs » consommés chez le bistrot d'en bas, en m'attendant, l'avaient mis de bonne humeur. Il n'avait pas cessé d'être en excellents termes avec l'amant, son camarade d'atelier. L'opération terminée, il lui fit, du seuil, un signe amical, sur lequel l'autre n'eût garde de se méprendre, car, bientôt, tous deux redescendaient trinquer à leurs amours sur le zinc du bistrot. Le mari ne voulait pas me laisser partir : « C'est moi qui régale! » disait-il, tenant à me montrer qu'il avait du savoir-vivre, et parce qu'amusé de sa naïveté je ne lui avais opposé d'abord qu'un refus sans brusquerie, il revint à la charge : « Un commissaire, c'est un homme comme les autres! » Je n'en disconviens pas, mais son obstination m'impatientant cette fois, je le remisai d'un « non! » si sec qu'une lueur se fit dans son esprit : « Possible tout de même, murmura-t-il en s'éloignant, que ça serait drôle! »

« Réjouissants » les constats d'adultère! Rayez cela de vos papiers, mesdames. Ce n'est point s'en faire une idée que de feuilleter une collection d'estampes galantes du XVIIIe siècle, ni de se remémorer les joyeusetés du Vaudeville.

— « Soit! me direz-vous, mais à défaut des joyeusetés du Vaudeville, il y a les émotions du drame, les altercations violentes entre rivaux, les crises de nerfs. » O si rarement!

Je me souviens du tableau qui fit fureur au

Salon, voilà longtemps déjà, d'un nommé Jules Garnier, marqué au catalogue sous ce titre : *Flagrant délit*, et dont on trouve encore des reproductions en cartes postales.

Ça se passait dans un décor modeste, chambre d'hôtel garni ou logis de garçon, mais la pelisse de fourrure du mari, imposant vieillard, dénonçait un homme du monde. On y voyait la femme adultère, complètement nue, que le commissaire de police venait de sortir du placard, où elle s'était cachée, et qui ne se servait de ses mains que pour couvrir son visage. L'amant, gaillard rablé, dans toute la force de l'âge, était vêtu d'une chemise et d'un long maillot de nuit, malice du peintre, pour en mieux faire saillir la vigueur, sans trop de scandale, et sans éveiller les susceptibilités du Parquet. L'homme faisait mine de se précipiter sur le mari, d'un geste si menaçant, que deux sergents de ville devaient intervenir et le maîtriser. Scène truquée et de pure convention. La Réalité n'est pas si bonne metteuse en scène.

Les femmes ont d'étranges caprices. C'est parfois le mari qui est le « costaud » et l'amant, la guenille. Et puis, j'avais accoutumé d'agir discrètement sans l'assistance de gardiens, pour ne pas éveiller l'attention du voisinage, et la présence du conjoint lésé n'est pas toujours indispensable. De ces infortunés, il en est qui prennent la chose en philosophes. Il en est qui s'en frottent les mains : « Me voilà libre, désormais.

Bon débarras ! » Quant aux coupables, ils savent que la sanction sera légère (vingt-cinq francs d'amende, de mon temps) et qu'ils auraient bien tort de prendre l'aventure au tragique : « Tant mieux ! nous n'aurons plus besoin de nous cacher ! » Au pis aller, les deux parties en sont quittes pour un échange de mots aigre-doux. L'adultère, à Paris, est chose trop commune pour exciter tumulte. Les constats s'en expédient comme une lettre à la poste. Il y a, pourtant, les complices rusés, qui compliquent la besogne du commissaire en essayant de donner le change : « Nous vivons sous le même toit, par nécessité (ici, des raisons plus ou moins valables) mais rien de coupable ne se passe entre nous. Considérez que nous avons chacun notre chambre ! » Le commissaire se voit, dès lors, imposer un supplément d'enquête, et, si la comédie est bien jouée, le tribunal s'incline, mais il est bien rare qu'elle le soit.

XV

BRELAN DE MAJESTÉS

Il y eut, durant cette période, beaucoup d'allées
et venues de souverains. J'écrivais en 1903 :

Hier, nous avons eu le bon roi d'Angleterre.
Victor-Emmanuel nous visite aujourd'hui.
On nous promet Alphonse, et le peuple ébloui
Devant ces Majestés se roule ventre à terre.

La Révolution farouche s'assouplit.
On change, mais les murs ne savent pas se taire.
Hélène infortunée ! Elle voit de son lit
La place où résonnaient les tambours de Santerre.

A Versailles, monsieur de Nolhac,[1] en passant,
Lui raconte d'où vient cette tache de sang.
La *Marseillaise*, au même instant, gronde, intrépide.

Français ! vous avez beau l'expurger par endroits,
Ce chant vous désavoue et, d'un cri régicide,
Force le Protocole à saluer les rois.

Hélène, ce nom synonyme de beauté, est celui
de sa Majesté la reine d'Italie, qui s'en accommode

1. Alors conservateur du Musée de Versailles.

fort bien. Nous l'avions installée, avec son royal époux, au ministère des Affaires étrangères, orné, pour la circonstance, de meubles Louis XVI. Je me suis toujours demandé pourquoi nous nous obstinions à mettre les souverains de passage dans les meubles de ce roi infortuné. Pour la reine d'Italie, comme pour la Tsarine, l'on avait sorti du garde-meuble toutes les reliques de Marie-Antoinette, qui ne pouvaient que leur inspirer des réflexions peu gaies.

Quant à la *Marseillaise*, il est bien évident, qu'avec le temps, elle a décliné toute signification. Elle a, comme une pièce de monnaie, perdu ses arêtes vives à l'usage. Elle aspire à ne plus être qu'un jeton passe-partout. C'est le destin qui attend même l'*Internationale*, pour laquelle on s'assomme aujourd'hui. Cela n'empêchait pas le roi d'Italie de marquer son peu d'enthousiasme à l'entendre. J'étais à ses côtés, lors de la réception qui lui fut faite à l'Hôtel de Ville. Il sifflotait d'impatience entre ses dents. C'était bien son droit, après tout. Qui le blâmerait de prendre son métier de roi au sérieux? Nul ne conteste ses hautes vertus. Il a doré son règne d'un reflet de gloire. Il a élargi ses frontières. Il a fait de l'Italie moderne un grand peuple, et lui a restitué, dans le conseil des nations, un rang sortable à son mérite et à son illustre passé. Il s'est acquis des droits à ceindre la couronne d'empire, mais il est une chose dont il ne s'embarrasse guère en public. C'est... comment dirais-je pour ne pas froisser la Vérité?... mettons, si vous voulez, une entrée en matière conciliante, une expansion communicative. Il n'a rien de notre Louis-le-débonnaire. Peut-être faut-il en accuser la timidité? Il n'est que les timides pour avoir de ces raideurs d'allure susceptibles d'engendrer des méprises. Un brave soldat de la garde républicaine en pourrait témoigner, qui fit partie de son piquet d'honneur. Ce garde était de service dans le vestibule du ministère, le soir où le monarque rentrait de je ne sais plus quel *gala* donné en son honneur. Il s'y tenait planté, raide comme un piquet, bombant du torse et de la cuisse avec le sentiment de sa valeur, car c'était le sujet le plus décoratif de la légion. Il put croire qu'il avait fait impression sur sa Majesté qui, sitôt rentrée dans ses appartements, le fait mander près d'Elle et, sans autre formule de ménagement, lui intime l'ordre de se déshabiller.

Effroi du municipal, qui ne sait comment concilier les prescriptions de la décence et l'obéissance due à un chef d'armée, à un souverain ami. Il hésitait, appelant mentalement tous les saints du ciel à son secours. Puis, sur un nouvel ordre bref, tremblant comme la feuille, il prélude à son dépouillement. Si lents que fussent ses mouvements, l'opération suivait son cours. Il n'allait bientôt plus lui rester que sa culotte. Il en avait déjà fait sauter, d'un doigt désespéré, le premier bouton, quand un geste précipité du roi vint le rassurer.

Le pauvre garde était bien à tort entré en cervelle. Sa Majesté n'en voulait qu'à son harnais. Victor-Emmanuel III est soucieux d'habillement militaire. Tout ce qui touche à l'armée le passionne. Il n'avait d'autre but que de se renseigner sur la façon dont nos soldats sont équipés. Quand il eut terminé, pièce par pièce, son examen, il libéra le garde, heureux d'en avoir été quitte pour la peur, et lui remit une gratification, prouvant ainsi qu'à défaut de l'aménité des paroles, il avait celle du geste, et qu'il savait agir en roi à l'occasion.

Moins distant est le roi d'Espagne, Alphonse XIII, qui n'a qu'à paraître pour se concilier les cœurs. Nul ne possède à plus haut point l'art de charmer ceux qui l'approchent par sa courtoisie affable et son entrain juvénile. Je le vis, un jour, à Longchamp, quitter le cortège officiel, bondir, comme un jeune cabri, par-dessus la balustrade, et s'asseoir dans l'herbe, sans souci du Protocole. L'herbe était fraîche. Quand il se releva, sa culotte blanche (il était en grand uniforme) en portait les traces. On eût dit qu'il s'était assis dans un plat d'épinards. Bien loin d'en ressentir la moindre gêne, il en tira sujet de plaisanterie. Il s'entretenait familièrement avec tout ce qui se trouvait autour de lui. Je l'entendis dire au commissaire divisionnaire Orsatti : « Ce que nous devons vous « barber » nous autres rois, avec toutes ces corvées supplémentaires ! » Il se serait aisément passé de surveil-

lance, d'escorte et de service d'ordre. Il avait été,
pourtant, déjà l'objet d'attentats. Lors de cette
visite même, chez nous, une bombe fut jetée à
son adresse, rue de Rohan, tandis qu'il revenait
de l'Opéra, dans sa voiture, en compagnie de
M. Loubet, mais Alphonse XIII semble né sous
une heureuse étoile. On dirait que sa témérité le
protège et le rend invulnérable. La voiture était
déjà loin, avant qu'il n'eût pris conscience du
danger. Seuls, un cuirassier de l'escorte et des gardiens de la paix furent blessés.

Mais, s'il est un chef d'état que l'étiquette
importunait, c'était M. Loubet. Elle l'importunait d'autant plus qu'il n'avait pas loisir de s'y
soustraire. Il ne se plaisait qu'en famille. Il s'était
laissé porter au pouvoir, par discipline et dévouement, dans les circonstances difficiles que l'on
sait, mais, durant tout le cours de sa présidence,
il n'aspirait qu'à sa libération. Il s'était juré de
renoncer, dès qu'il quitterait l'Elysée, à la vie
publique. Et il a tenu parole. Il aimait la chasse,
mais pas à Rambouillet. Il disait : « J'aime chas-
ser en paysan, seul, avec mon chien, mon fusil
sous le bras. » Il eût aisément échangé sa villé-
giature officielle à Rambouillet pour une villé-
giature à Marsanne, à la Bégude, dans sa Drôme
natale.

Il était de mœurs si simples, qu'un jour d'hiver, au cours d'une de ses promenades à pied,
avisant un marchand de marrons, installé faubourg Saint-Honoré, à la terrasse d'un débit

de vins, il lui en acheta un sac, pour se réchauffer les mains. Il s'était figuré passer inaperçu, mais le marchand, sans en avoir rien laissé paraître, l'avait fort bien reconnu. Le lendemain, le brave auverpin arborait triomphalement à son éventaire forain une large étiquette, avec ces mots : *Fournisseur de l'Elysée.* La police s'empressa de la faire enlever. M. Loubet, tout en approuvant la mesure, fut le premier à s'amuser de l'incident.

On cite des mots de lui d'une malice souriante et d'une exquise bonhomie. On le pilotait à l'ouverture d'une exposition de tableaux. Son introducteur tenait à lui soumettre d'avance l'itinéraire qu'ils allaient suivre. Le Président que ces sortes d'expositions ne réjouissaient guère et qui ne s'y rendait que par devoir, lui dit : «Peu m'importe! Décidez vous-même. Je vous suivrai partout, *les yeux fermés* ».

Il avait promis de paraître chaque année à la solennité d'une association d'étudiants. A sa première visite, sa pelisse de fourrure, déposée au vestiaire, ne se retrouva plus au départ. Voilà les organisateurs désolés, se confondant en excuses, tandis qu'ils le reconduisent jusqu'à sa voiture. M. Loubet, au moment d'y monter, sans paraître autrement ému, leur tend la main, en disant : « A l'année prochaine! »

Il ne plastronnait pas, comme son prédécesseur, Félix Faure, et ne promenait pas sa figure en manière de Saint-Sacrement. Ce qui le révoltait, surtout, c'était cette surveillance incessante dont un Président de la République est l'objet.

— Cette surveillance, disait-il, avec sa voix chaude de méridional, fait de moi un véritable prisonnier. Impossible d'aller acheter un parapluie au *Bon Marché* ou d'aller respirer l'air du Bois, sans escorte. Ce n'est plus une escorte de cuirassiers, c'est une escorte d'agents cyclistes, sans compter la nuée de reporters et de photographes, que je trouve, partout, embusqués sur mes pas. Tenez! quand je suis allé enterrer ma mère, à Montélimar, où j'avais bien le droit de m'estimer délivré, savez-vous ce que je trouve à ma descente de train?... un escadron de « fins limiers » qui m'avaient précédé. Ces gens-là me rendent la vie impossible.

Et quand le Président disait cela, une ombre passait dans ses yeux vifs et son sourire malicieux s'éteignait dans sa barbe, sa belle barbe blanche de patriarche, fine et soignée.

Il faut bien dire que nul ne fut plus continûment mis à l'épreuve des cérémonies officielles. L'exposition universelle de 1900 lui valut la visite de presque tous les souverains, chefs d'Etat et princes du sang de l'univers.

Il reçut l'Empereur et l'Impératrice de Russie à leur second voyage en France. Leurs Majestés furent hébergées au Palais de Compiègne. Paris fut privé de leur présence par punition d'avoir élu une municipalité nationaliste. Le gouvernement et l'Hôtel de Ville étaient, alors, à couteaux tirés. M. Grébauval, président du Conseil

Municipal, avait, lors d'une cérémonie publique, fait affront à M. Loubet, en quittant bruyamment la tribune à son arrivée. M. Dausset lui avait succédé depuis lors à la présidence du Conseil Municipal. C'était, pour le gouvernement, un adversaire plus redoutable encore, parce qu'il apportait, dans la lutte, plus de finesse et d'ingéniosité que son prédécesseur. M. Grébauval compromettait souvent sa cause par un excès d'emportement. Bien qu'il eût publié un recueil de vers intitulé : *Les Maladives*, il n'offrait rien de frêle ni de raffiné. Il aurait pu malaisément tracer son image, en disant comme La Fontaine : « Je suis chose légère » et qualifier ses arguments « d'aériens ». Il fallait l'entendre rouler le tonnerre de sa voix dans les réunions électorales, à la Villette où il s'était fait élire conseiller municipal, et dans les couloirs de la Mairie du XIXᵉ arrondissement, où j'étais officier de paix. Il intervenait jusque dans mon service, cherchait querelle à mes agents à propos de bottes. Je ne me doutais guère, alors que nous nous chamaillions sans répit (car il était de ces brouillons que l'on peut affronter sans danger) que je le retrouverais, plus tard, assis à mes côtés, en joyeux camarade, aux agapes de la Société des poètes français, dont il faisait partie. « On les connaît, disait l'un de ses collègues, les coups d'ailes de Grébauval au *Pays du Bleu* (titre de l'un de ses ouvrages en prose) ce sont des coups de boutoir. » Un autre répondait « C'est tout naturel, puisqu'il est de *la*

Somme. » M. Grébauval était d'Amiens. « Le seul pays, ajoutait un troisième, où l'on sache accommoder le canard. » Le canard, était, en effet, son gibier. Il avait débuté par le socialisme. Il avait mis le feu à Amiens, avec son pamphlet hebdomadaire : le *Beffroi* (1887), puis s'était converti au boulangisme et avait fait triompher dans son département la candidature du « brav' général » (1888). Il avait fondé, là-bas, un journal révisionniste *la Picardie*. On devait donc le retrouver parmi les militants nationalistes. En 1902, il dut abandonner son siège de conseiller municipal. Son concurrent heureux fut un autre poète, Clovis Hugues. En somme, cet ogre donnait surtout de la voix, ce qui l'avait imposé à la clientèle du marché aux bestiaux. La preuve qu'il n'était pas si terrible qu'il en avait l'air, c'est qu'il a fini sa carrière en se laissant glisser sur une épluchure sentimentale.

M. Dausset, moins débridé, calculait mieux ses coups ; ce qui fit qu'on se garda bien de l'inviter aux galas de Compiègne. Il imagina néanmoins, de s'y présenter, pour offrir l'hommage de la ville de Paris aux souverains russes. Il ne se trouva personne pour le recevoir. Il dut s'en retourner comme il était venu. Sa mésaventure me fournit le sujet d'un petit poème humoristique que je dédiai en imagination à Waldeck-Rousseau, président du Conseil :

On festoie au Château. L'Empereur de Russie,
Joyeux de recevoir l'encens républicain,
A son cousin Loubet montre qu'il apprécie
La bartavelle et l'ortolan au marasquin.

Sous les lustres flambants, par la vitre éclaircie,
On voit tournoyer l'or dans les plis du satin,
L'orchestre de Parès [1] tonne avec frénésie,
Mais l'orage a chassé la foule du jardin.

Un homme, sous la pluie, erre, l'âme abattue,
Son bruit furtif traverse un sommeil de statue.
Hébé sursaute et crie : « *Hein, quoi? qu'est-ce que c'est?*

Il m'a semblé qu'un pas glissait dans la nuit sombre,
Du grand Napoléon ne serait-ce point l'ombre ? »
Ganymède répond : « *Ce n'est rien. C'est Dausset* »!

*
* *

C'est Dausset, l'ennemi juré de Marianne.
« *Hélas!, soupire-t-il, nos affaires vont mal.*
Moi, l'élu de Paris, Waldeck me laisse en panne,
Comme il ferait d'un simple adjoint à Bougival [1].

Il faut quitter l'espoir du ruban de Sainte-Anne.
Maudit soit à jamais le nom de Grebauval!
J'expie, ici, sa frasque au dernier festival,
A n'être qu'importun sa faute me condamne.

En vain, je m'humilie et me traîne à genoux;
O Tsar! quand j'ai voulu pénétrer jusqu'à vous,
Le vide m'a chassé, mieux qu'un poing de gendarme.

1. Chef de musique de la garde républicaine.
2. Allusion à mon ami, Edmond Lepelletier, adjoint au maire
de cette localité.

Et, loin des salles d'or où se tient le festin,
Abandonné de tous, en attendant le train,
J'ai dîné d'un morceau de pain trempé de larmes ».

M. Dausset s'est assagi depuis. L'enfant prodigue est rentré au bercail. Il a abjuré ses erreurs et retrouvé place au foyer républicain. Il a trop d'esprit pour ne pas sourire de cette pointe, aujourd'hui émoussée, décochée par un citoyen qui avait raison de lui en vouloir, autant pour son agitation anti-gouvernementale que pour avoir été molesté à son service. C'était à l'inauguration de la statue Baudin, faubourg Saint-Antoine à laquelle assistait M. Dausset, en sa qualité de premier de nos édiles. Il était assez crâne de sa part d'y venir, sachant l'accueil qui lui serait réservé. Il y eut, en effet, bien du désordre. Je m'y trouvais de service commandé. Des amis l'entouraient, mais ses adversaires avaient pour eux le nombre. Il y fut si fort houspillé, que je dus intervenir pour le protéger. Je pris ma part des horions qui lui étaient destinés. J'étais en civil. Mon parapluie et mon chapeau s'en trouvèrent mis hors d'usage. Cela valait bien une épigramme. Et comment aurais-je épargné M. Dausset, auteur irresponsable de mon désastre vestimentaire, puisque je n'ai pas épargné mon excellent ami, le sculpteur Baffier, amené par scrupule nationaliste, à un point de xénophobie inconcevable ? Ne s'était-il pas avisé d'adresser aux conseillers municipaux une protestation

contre le projet d'orner les jardins du Champ-
de-Mars de galeries à *l'italienne?* Il demandait
que n'y fussent plantés que des arbres d'essence
française, sans prendre garde que sa requête
était rédigée sur du papier anglais.

Je l'en plaisantai en ces termes :

Baffler ne se tient plus. La France est en danger.
Voilà-t-il pas qu'on veut emprunter des arcades
A l'Italie, afin d'orner nos promenades,
Et couvrir nos jardins d'arbustes étrangers!

Laissons son pain viennois pour compte au boulanger.
La choucroute à Berlin! aux Russes, leur salade!
Le riz, c'est japonais, ça nous rendrait malade,
Et que l'eau de Pullna renonce à nous purger!

Grandir, c'est espagnol, restons de petits hommes!
Bas, la force! c'est Turc, et, pour qu'on ne surnomme
Nos gosiers polonais, n'y versons rien dedans.

Fais-nous de la sculpture autochtone à ton aise,
Baffler, mais ne sens-tu qu'avec ta plume anglaise
Tu nous cherches sans rime un débat d'allemand?

Mais il n'y a pas que les passages de souverains et les crises politiques, il n'y a pas que les
événements importants, qui requièrent l'attention du commissaire de police. Il en est d'insignifiants, en apparence, il est des « riens » qui ne
laissent pas de faire sur lui une vive impression.
Telle l'aventure de ce matelot en bordée, qui
vint, un jour, échouer à mon commissariat du

quartier de Plaisance, à la suite d'une discussion avec un débitant qui refusait, sagement et légalement, de lui servir à boire un verre d'alcool. Les règlements s'y opposaient. C'était pendant la guerre. J'avais déjà vu, la veille au soir, au cours de ma tournée d'inspection des salles de spectacle de l'arrondissement, ce matelot se prélasser dans une loge d'avant-scène à *Bobino* en si ahurissante compagnie que j'en avais été stupéfié, et que je m'étais senti la démangeaison de l'interpeller, mais, vu son état d'ébriété, je préférai m'abstenir. Je profitai de sa détention provisoire pour le confesser. Il me conta son odyssée d'autant plus volontiers qu'il y était incité par une pointe d'ivresse, et mis en confiance par la présence d'un inspecteur dans lequel il venait de retrouver un « pays » de Bretagne. Son récit m'avait intéressé. J'en avais tiré une « nouvelle » écrite dans mes moments perdus. Si fort que j'y aie mêlé de mon cru et introduit de fausse littérature, elle revendique sa place ici. Le document demeure valable puisqu'il rend en même temps qu'un épisode authentique un aspect de Paris devenu « ville du front », suivant la belle expression de mon ami Charles Maurras, et la physionomie exacte de l'arrondissement où j'ai terminé ma carrière.

XVI

MONTPARNASSE (¹),
COLONIE BRETONNE

Ce fut d'un cri de soulagement que le matelot Jean-Marie Le Goas salua l'entrée en gare, à Montparnasse du train qui le ramenait de Bretagne. La hâte de se dégourdir d'une longue immobilité le fit sauter sur le quai du wagon encore en marche, au risque de se rompre le cou, tant il était ligoté de courroies, et gêné par le tas de provisions qu'il rapportait. L'horloge marquait cinq heures. Le crépuscule était déjà venu, un crépuscule sale et boueux de fin d'automne. Le hall en rumeur bourdonnait de lumières et de bruits. Jean-Marie se rua parmi la foule, encombrée de valises, hérissée de bicyclettes et de parapluies, fit sa trouée à coup de reins, de coudes et d'épaules, et gagna péniblement l'issue de contrôle, dans un orage de bousculades et de jurons. Insensible aux heurts, aux bourrades, à

1. Il s'agit, ici, strictement du quartier Montparnasse, fraction du XIVᵉ arrondissement, et non de ce que le public entend abusivement par ce mot.

l'écroulement des colis qu'il reçoit dans les jambes, aux vociférations des employés, aux éclats de voix des portefaix, qui charrient des brouettes en zigzags, aux révoltes irritées, aux résistances rageuses des femmes, déjouant tout ce que l'activité de l'heure multiplie sur ses pas de retards et d'obstacles, il court à la « consigne » et ce n'est qu'après avoir déposé son chargement, sur le point de franchir la porte, derrière laquelle il entend vivre et gronder Paris, qu'il s'arrête pour reprendre haleine, comme étranglé par une explosion brusque de bonheur.

Il connaissait Paris, arrêt obligatoire de ses longues randonnées Toulon-Brest. Il y revenait, pour la première fois depuis l'ouverture des hostilités, libre et maître de sa personne, car il ne comptait pas le jour où il l'avait traversé en armes, sous l'œil des gradés, avec son escouade, pour aller rejoindre la brigade des fusiliers marins, dont il avait partagé l'héroïque aventure. A vrai dire, il n'avait jamais fait à Paris que de courts séjours, le temps d'y épuiser sa bourse entre deux trains. Il ne s'écartait guère du droit chemin, qui va de la gare d'Austerlitz à la gare Montparnasse. Cela lui suffisait. Il n'ambitionnait rien au delà. Ni les musées, où se dégage l'ennui des choses mortes, ni les monuments qui ne parlaient point à son ignorance, ne lui semblaient valoir la peine d'un dérangement. Il n'était point d'humeur à s'extasier devant des toiles ou des cubes de ciment. Ses préoccupations étaient d'un autre ordre. Lorsqu'il arrivait de Toulon, il avait hâte de quitter les abords de la gare de Lyon, peuplés d'immeubles neufs, surmoulés à l'excès, d'une splendeur froide, où le goût bourgeois affichait sa nullité prétentieuse. Le faux luxe des cafés riverains l'intimidait. Tout son désir restait tendu vers Montparnasse. Une suite de boulevards mornes l'en séparait. Le tramway lui servait à brûler l'étape. Le charme commençait au carrefour de l'Observatoire, où le pittoresque des avenues s'agrémentait du charme des paysages ombragés. Là seulement, il se sentait revivre. Une atmosphère plus sympathique enveloppait les choses. Les visages prenaient une expression amie. La police, même, semblait s'humaniser. Les sergents de ville avaient l'air moins rogue. Les débits se faisaient plus accueillants, plus intimes. On y pouvait gesticuler, rire et palabrer à l'aise, sans crainte d'être considéré, par la clientèle gourmée, comme un gêneur ou un intrus. Plus on avançait, plus l'ambiance devenait cordiale, plus les choses accentuaient leur sourire de bienvenue. Mais le lieu de prédilection de Jean-Marie, c'était, derrière la gare Montparnasse, toute une enfilade de ruelles hospitalières, où il imaginait, chaque fois, qu'une surprise lui était réservée, et où, à chaque escale, il avait cueilli une joie neuve. Là résidait pour lui le charme et la force de séduction de Paris. Là se justifiait à ses yeux le prestige de la Capitale et son renom éclatant. C'est là, qu'il trouvait rassemblée, comme le miel au fond de la coupe, toute la somme de jouissances que la première ville du monde était, à son jugement, en possession de donner.

Il y descendait, chaque fois, le cœur battant, avec, aux tempes, la fièvre de ses convoitises allumées. Mieux que les quartiers chauds de Marseille et de Toulon, qu'une trop longue fréquentation avait dépouillés de leur mystère, et où le coudoiement des supérieurs laisse subsister un fond de discipline et de contrainte, ces environs de la gare Montparnasse occupaient son imagination. Là, il y avait place encore pour l'imprévu. Il y trouvait, outre le piquant des aventures, une indépendance complète. La présence de nombreux comptoirs bretons associait à ses échappées l'image de la petite patrie. Çà et là, une coiffe de lin, une veste brodée, le biniou d'un bal-musette, faisait remonter, dans ses émois brûlés, un souvenir d'enfance, comme une bouffée d'air pur. Dans sa ruée d'appétits et son désordre, il y restait comme enveloppé d'une sollicitude maternelle. Il aspirait, au fond des bouges asphyxiés, un peu de la brise natale, la verte odeur de sa terre plantée de chênes. Il s'y sentait moins dépaysé. Les enseignes arboraient en hommage le nom familier des villes et des gloires armoricaines. Des pâtisseries, des salaisons du crû, exposées aux devantures, lui parlaient de son village. Il retrouvait, partout, comme un accent de terroir. C'est à ces lieux que revenait sa pensée complaisante, dans ses nuits d'insomnie, dans les après-midi de sieste lourde et désœuvrée, au fond des îles et des océans perdus. C'est dans leur souvenir, que naguère encore, en Flandre, où il combattait, il avait puisé, aux heures d'abattement, le réconfort et la volonté de vivre, tellement un but médiocre, un bas désir, peuvent susciter un effort magnifique et de hautes vertus. Comment exiger d'un estomac vide qu'il considère le bonheur autrement que sous les apparences d'une table dressée? Il est permis au soldat, qui peine à la dure et fait aux autres le sacrifice de son bien être, d'envisager comme une récompense de son abnégation et de son héroïsme quotidiens un juste contrepoids de satisfactions physiques, et de proclamer souveraine vertu cette jouissance matérielle et égoïste, dont nos manuels de philosophie font si bon marché.

Du fond de sa tranchée, grelottant de froid et de flèvre, rongé de boue et de vermine, Jean-Marie implorait, comme un Eldorado miraculeux, ce quartier privilégié de Montparnasse, où se résumaient pour lui toutes les joies de la terre. Il évoquait cette populeuse rue de la Gaîté, pleine de boulangeries dorées, de charcuteries vermeilles, d'étals chargés de viande, de bars miroitants aux comptoirs flambants comme des trônes, souriante et prospère. Il ouvrait ses narines à l'odeur de friture, de crêpes de blé noir et d'alcool dont l'air était rassasié. Il sentait le

frôler le vertige de cette fête permanente de la
rue, aux heures du soir, où la foule afflue en quête
de plaisirs. Partout où il entrait, il se sentait le
bienvenu. Sa figure ouverte et franche, ses
yeux rieurs, sa solide carrure, ses médailles sur
l'uniforme de drap bleu, lui conciliaient les cœurs
non moins que cette réputation de prodigue et
de boute-en-train qui suit le marin permission-
naire, pressé de se débarrasser de longues économies de tendresse et d'argent, amassées au cours
de ses interminables traversées. De sa dernière
escale, il avait gardé l'image d'une solide gail-
larde, aux appâts colossaux, émérite Toulousaine, ornement et gloire d'une maison close de
la rue Jolivet, dont le *brio* et la fougue professionnelle l'avaient électrisé. Il se rappelait son
costume de nymphe, son noir chignon paré de
similis, ses bras charnus tatoués d'une ancre de
marine, comme par une attention délicate à son
adresse. C'est elle, qu'il avait hâte de retrouver,
ignorant qu'il est toujours imprudent de vouloir
revivre la félicité perdue.

XVII

PARIS, VILLE DU FRONT

Sa première déception fut de tomber dans une ville de ténèbres. On craignait les *Gothas*. La guerre avait éteint les rues. L'obscurité lui semble plus épaisse, au sortir de l'éblouissement intérieur de la gare. La place de Rennes n'offrait qu'un trou noir. Jean-Marie, perplexe, doit prendre le temps de s'orienter. Les Circé du lieu mettant son indécision à profit, viennent essayer sur lui la vertu de leurs enchantements. Il les écarte d'un geste bref, tant son désir reste concentré sur la déesse de la rue Jolivet. Il enfile, à droite, la rue de l'Arrivée. De rares lueurs, tamisées, veillent aux devantures mi-closes. La tête lourde encore des libations du départ et des nombreux arrêts en cours de route, il fait effort pour assurer son pied sur le pavé glissant, et se garer des camions et des autos militaires, lancés à toute volée dans les rues. Des agents, talonnés par des gradés pleins de zèle, pourchassaient la lumière. Ils couraient, de boutique en boutique, faisant baisser les stores, voiler les lampes, tempêtant, impitoyables, pour un rayon débordé, un reflet qui dépassait. A l'extrémité de la rue, l'homme hésite, dérouté par une place insolite, un triangle de nuit, qui n'était pas resté dans ses souvenirs. Rebroussant chemin, il contourne la gare à nouveau, longe la rue du Départ, au bout de laquelle c'est la même impression de vague et d'inconnu. Comment se débrouiller dans ce dédale de voies obscures, aux plaques illisibles, aux numéros indéchiffrables? Il n'ose se renseigner, par honte. Tout à coup, une éclaircie se fait. Le poêle indicateur d'un marchand de marrons, installé devant une boutique en pan coupé, à l'intersection de deux rues, lui révèle sa route. Il triomphe. Joie de courte durée. La passe franchie, c'est un autre espace vide. Il n'en croit pas ses yeux. Là, où, jadis, s'enchevêtrait un nœud de ruelles grouillantes, il n'y avait plus que la désolation d'un chantier. La pioche des démolisseurs avait fait son œuvre. La maison de la rue Jolivet n'existait plus. « Me voilà propre! » pense Jean-Marie, et sans avoir lu Baudelaire, il éprouve que :

> la forme d'une ville
> Change plus vite, hélas! que le cœur d'un mortel.

La trouée faite mettait à nu la misère des bâtisses épargnées, profilant de loin, sur le ciel, des silhouettes lamentables. Jadis, on ne voyait d'elles que leurs boutiques, dont la peinture fraîche couvrait leur misère et la rendait acceptable. Leur décrépitude étalée, aujourd'hui, effraye les regards. Quelques enseignes : *Au bon coin*, *Au chariot d'or*, *A Saint-Jean*, sont les seuls vestiges du pittoresque d'antan. Le progrès niveleur se marquait déjà par un *Central Hôtel* brusquement poussé de ces ruines. C'était la prise de possession d'un âge nouveau, soucieux de seule apparence et qui, sous prétexte de confort et d'hygiène, détruit le charme et la poésie du passé.

Quelle consternation pour Jean-Marie que ce changement! et de ne plus trouver que le vide là où des générations de bons drilles, rués au plaisir à corps perdu, avaient déchaîné de si joyeux tumultes! Quelle consternation de ne plus trouver qu'un néant là où la vie s'était follement prodiguée! Ces étroits couloirs de rues enfiévrées, où, chaque soir, s'allumait la fête rouge de l'alcool, et qu'il avait connues soulevées d'un ouragan de liesse effrénée, n'étaient plus qu'un tas de gravats! Leur vie intense était un résidu de voirie. Toute leur agitation forcenée et convulsive était tombée en cendres et, dans ce champ pierreux, il s'attardait à évoquer le spectacle disparu. Tout, autrefois, y sonnait de chants, d'appels, de rires. Les portes des bouges, perpétuellement battantes sous le flot des visiteurs, allumaient un va-et-vient de reflets sur la boue des pavés. Parfois, une bande hurlante et avinée traversait la voie au bruit d'un accordéon coriace. Des disputes éclataient, auxquelles nul ne prenait garde, tant qu'elles ne dégénéraient point

en bagarres, et ces demoiselles achalandaient la
pratique, tandis que les ménages pauvres du voisinage, chargés de marmaille, vaquaient indifférents à leurs occupations ordinaires, ou assistaient
de leur fenêtre à ce manège mal édifiant, sans en
paraître autrement incommodés.

Sa pointe d'ivresse rapportée du voyage accélérait son attendrissement. Il déambule sans
espoir, interrogeant les devantures muettes. Il
songe alors à Balland, le *Bouillon des travailleurs*
et le *rendez-vous de la Flotte* où se réunissaient les
marins de passage, et, où, pour quelques sous,
on se restaurait d'un repas copieux, avec le droit
d'emporter sa serviette. L'établissement était
fermé. Continuant sa route, Jean-Marie franchit
le boulevard Edgar-Quinet, qui semble mort,
avec ses squelettes d'arbres dépouillés. « En avan-
çant toujours, pense-t-il, je trouverai bien la rue
de la Gaîté. » La rue de la Gaîté, si convoitée, est
le cœur du quartier Montparnasse, peuplé de
cénacles et d'académies, devenu, depuis la déchéance de Montmartre tombé à l'exploitation
commerciale, le refuge de l'élite intellectuelle,
de la jeunesse littéraire d'avant-garde, des in.
dépendants partis à la recherche des nouvelles
formules d'art. Elle prend souci de mériter son
nom. Relique de l'ancienne barrière, où les sujets
du roi-citoyen venaient prendre l'air de la campagne, les dimanches de soleil, elle garde, en
dépit de la poussée moderne et du fiévreux em.
piètement de la mode, un fonds de bonhomie

mil-huit-cent-trente, et quelques façades où respire le charme désuet d'un roman de Paul de Kock et de Mürger. Là grouille chaque soir, en temps normal, une foule d'ouvriers, de marlous, de modèles, mêlée d'artistes à qui ce voisinage est moins intolérable que celui des aventuriers cosmopolites du boulevard et de la bourgeoisie rêche et formaliste. Un goût de liberté, un dédain des conventions et des préjugés, y fait fraterniser, devant le comptoir, des statuaires laurés et des distributeurs de prospectus, des lutteurs de foire et des poètes lyriques, mais cette rue, pourtant si libérale, ne s'offre pas du premier coup. Elle met une coquetterie à se dissimuler. L'étranger, qui vient du centre de la ville, ne la trouve pas sur son droit chemin. Elle exige un détour. Il faut, pour la joindre, affronter un lieu morne et désolé, franchir une double solitude. Ainsi les dragons veillaient sur le jardin des Hespérides. Jean-Marie, à sa poursuite, longe des murs nus, des palissades de planches fermant des terrains vagues, des grilles d'usines. Il passe devant des porches ouverts sur la nuit des cours; des étalages restés ouverts sous un éclairage de fortune, des blanchisseries exposant du linge fatigué de pauvre, des épiceries indigentes, où des légumes achèvent de pourrir; l'éventaire d'un brocanteur, encombré de choses dépareillées où la rouille et la crasse sévissent.

La rue de la Gaîté ne se montrait pas. Il la frôle sans la voir, parce qu'il l'attend d'une explosion de lumières, et que tout, autour de lui, reste noir. De guerre lasse, il se rabat vers le pont du chemin de fer, dont les piliers de fonte barrent l'horizon. Son désarroi l'y ramène, comme à un point de repère. Il sait que la ruelle du Viaduc y prend jour; ruelle vétuste, où les filles exerçaient, isolément, en boutique, leur commerce patenté, amorçant la clientèle d'un lit monumental en évidence, où, sur la blancheur des draps, s'enflait un rouge édredon. Il y va, mais, là aussi, l'édilité, soucieuse des bonnes mœurs, avait procédé à ce qu'elle s'obstine à appeler son œuvre d'épuration. Les arcades ménagées dans la maçonnerie du viaduc, où ces dames accomplissaient leurs fonctions rituelles, étaient désaffectées. On les avait enclouées de ces mêmes planches dont on fait les cercueils. « C'est trop bête à la fin! » s'exclame Jean-Marie, puis, d'une résolution subite, il fait volte-face. Fermement décidé à se gaudir et à réparer le temps perdu, il redescend vers la place de Rennes où il a la certitude de se délester de son trop lourd isolement. Rue du Départ, au long de la rampe d'accès de l'embarcadère, une forme noire se tient plantée. Il juge que c'est une fille. Lui sachant gré de sa discrétion et de ne point harceler les passants, il l'aborde. La fille reste immobile et silencieuse, au point qu'il craint une méprise. Il la dévisage hardiment. C'était une femme jeune encore, mais laide, ravagée de phtisie. Incapable de toute application au travail, elle faisait la « noce » pour subsister, sans entrain ni conviction. Elle se tenait à l'écart des autres parce que sa mise était pauvre, pour éviter la pitié de leurs regards, et parce qu'elle répugnait à leurs façons cavalières et à leur effronterie. Aussi bien, la maladie la tenait clouée au lit la majeure partie du temps, dans sa chambre carrelée, entre quatre murs nus, où le papier humide se décollait. Elle évitait les lumières à cause des rides que lui avait imprimées la souffrance. Jean-Marie ne voit d'elle que son attitude humiliée, qui appelle la compassion, et cet extraordinaire regard transparent qu'ont certains poitrinaires, le regard vitreux, émouvant, de ses prunelles bleues. La couche de fard dont elle masquait sa pâleur lui agrée comme un indice de raffinement. Ces deux êtres, simples et frustes, se sont jugés et compris du regard. Il n'était pas besoin entre eux de longs préliminaires ni de précautions oratoires. Jean-Marie fait un signe de tête en reprenant sa marche. Elle le suit comme un chien, docile au sifflement du maître.

En route, il lui saisit le bras.

— C'est pas trop tôt que j' te trouve. On a tout chambardé par ici. C'est à n' pus s'y r'connaître. V'la une heure que j' cours après la rue de la Gaîté, sans pouvoir mettre la main d'sus.

La fille s'étonne : « La rue de la Gaîté... c'est là » fait-elle, en étendant la main.

— Où çà, là ? reprend l'homme, impatienté.

Et tandis qu'ils s'y dirigent, il s'enquiert d'elle

et de son nom. Aurélie Durand n'était pas en veine de confidences. Son histoire n'intéressait qu'elle et n'avait rien dont elle pût tirer orgueil. Elle se contente de répondre :

— On m'appelle Aurélie.

— D'où qu' t'es?

— De Paris.

— Des fois, on aurait pu être « pays », moi, j' suis breton!

Il sent le besoin de justifier sa brusquerie, et il conclut, avec un sourire bon enfant, pour se la concilier :

— Alors, toi, c'est Aurélie, et moi, c'est Jean-Marie!

Ainsi les présentations furent faites. Ils étaient revenus devant le chantier de démolitions, sur la place en forme de triangle dont le sommet, précisément, s'infléchissait rue de la Gaîté. L'issue en était masquée, à cet endroit, par l'échafaudage en saillie d'une maison d'angle en construction. L'erreur de Jean-Marie s'expliquait. Il n'en revenait pas de l'avoir manquée de si peu. C'était bien elle. Il la reconnaît de suite au monumental escargot doré qui sert d'enseigne aux *Iles Marquises*, mais noyée d'une demi-obscurité, engourdie et somnolente, à cette heure intermédiaire. Néanmoins tous les établissements réputés se maintiennent à leur poste : *la Belle Polonaise*, le *Lapin blanc*, *A Zanzibar*. Il les passe en revue avec un petit frémissement d'aise, l'émotion que l'on a lorsqu'on retrouve, après une longue absence et une série de catastrophes, des visages aimés. Tout en les dénombrant, il se sent l'estomac creux. Un fumet appétissant sorti d'une gargote le happe au passage.

— Si qu'on bouff'rait d'abord? propose-t-il.

Et ils entrèrent au bouillon des *dix-huit marmites*.

XVIII

LE BOUILLON
DES DIX-HUIT MARMITES

La salle était vide en raison de l'heure. Jean-Marie, peu soucieux des goûts de sa partenaire qu'il ne peut imaginer différents des siens, commande des plats dont, seul, un estomac robuste peut avoir raison. Il boit largement et devient loquace. Il conte qu'il revient des Flandres et qu'il va « rejoindre » aux Dardanelles, après une courte visite à ses vieux, en Bretagne. Il rapporte la tristesse du village, privé de tous ses gars valides, occupé à dénombrer ses morts, dont la liste s'allonge chaque jour. Il y a connu l'inquiétude qui ronge, l'attente fiévreuse du *communiqué*, tout ce souci de l'arrière, inconnu au front, qui prête à la guerre un autre visage que celui qu'on lui voit dans le feu de l'action. Il ne tarit pas d'anecdotes. Il dit l'héroïsme de sa brigade, qui, en dépit des rafales d'artillerie, des gaz asphyxiants et de toute une chimie diabolique, a tenu tête et barré la route à un ennemi tenace, cinq fois supérieur en nombre. La fille écoutait,

distraite, cherchant à sauver du naufrage des
sauces inclémentes, des filaments de viande in-
tacte, dont son entérite chronique pût s'accommoder. Elle dissimule, sous sa serviette, un cachet de créosote, guettant, pour l'avaler, un
moment d'inattention du conteur, mais lui ne
la quitte pas des yeux et lorsqu'elle fait mine
de se détourner, la rappelle par un autoritaire :
« M'écoutes-tu? » qui la fige d'angoisse.

—Ah! les boches!... Fallait les voir sauter... A
la fin, tu marchais d'ssus... une vraie bouillie...
J'voudrais autant de jours de « perme » en
supplément, comme j'en ai démoli pour mon
compte.

Mais sa joie d'en avoir démoli se gâte du regret
d'y avoir laissé un ami cher, Pierre Le Gal,
frappé d'un éclat d'obus, au moment même où
il venait d'embrocher un boche, qu'il tenait tout
vif, pantelant, étripé, à la pointe de sa baïon-
nette.

Sa parole dresse dans la paix de la salle, fri-
leuse, endormie de chaleur, une image d'épou-
vante, une odeur de massacre.

Puis, Jean-Marie s'interrompt comme s'il pour-
suivait en lui la vision de ces jours terrifiants,
des crépuscules harassés, des soirs de bataille,
devant la plaine inondée, les arbres déchiquetés,
le nuage de poudre en suspens, qui prêtait au
paysage le front noirci d'un supplicié.

Ce survivant d'un héroïque et victorieux désastre ; ce matelot qui, sur un sol mouvant, avait

lutté contre les éléments déchaînés ; cet homme qui avait senti passer, sur sa face, le froid de la mort, et touché le fond de la détresse humaine, jouit du miracle de se retrouver, tout à coup, intact, rendu à la vie, à l'espoir, environné d'images tranquilles, dans un monde en équilibre, serviable et reposé. Il se dilate d'aise au chaud de cette gargote, à l'ombre de ces rideaux de mousseline, où il peut, le verre en main, narguer la Destinée. Il sait qu'il n'est pas au bout de ses peines, que des combats nouveaux l'appellent. Il en laisse gronder la menace à l'horizon. Demain, tout sera à recommencer. Ce seront d'autres tribulations, d'autres traverses, la mort peut-être. Il n'y veut pas songer. Il écarte ses appréhensions d'un geste d'insouciance. Ici, c'est le port, l'asile, le foyer. Ici, règnent le calme, la sécurité, la certitude. Il s'y enfonce avec un immense sentiment de bien-être. Il se laisse persuader par la paix des choses et glisse à leur sérénité confiante. Il ne lui reste plus des commotions passées qu'un vague attendrissement. Comme si sa personnalité se fut dédoublée, il voit venir à lui son fantôme d'hier, le combattant qu'il était, à Dixmude, boueux, hirsute, en désordre, effroyable, fou de vacarme et de fatigue, qui le supplie de ses yeux vides dans sa face pâle. Il l'accueille avec empressement : « Assieds-toi là, Jean-Marie, lui dit-il mentalement, en remplissant son verre. Dédommage-toi de tes veilles et de tes jeûnes. Prends ta revanche des jours de misère. Ne crains pas d'abuser. C'est moi qui régale, et je suis riche. A quoi bon nous soucier du lendemain? A défaut de Dieu, l'Etat se chargera de notre subsistance. » Et, clignant de l'œil vers la femme, il conclut d'un air gaillard : « Va chérie, c'est pas l'moment d's'en faire. »

Le sang fouetté d'un afflux de nourriture, Jean-Marie n'est plus en état de contrôler ses impressions. Il ne perçoit des choses que ce qui est conforme à la nuance de son désir. Ce restaurant vulgaire, avec ses glaces ternies et ses plantes vertes poussiéreuses, lui semble pavoisé d'un air de fête. Son illusion d'une chère fine, délicatement servie, survit à la médiocrité des sauces, à l'indigence du couvert d'étain, à la blancheur douteuse de la nappe. Le bouquet de chrysanthèmes qui orne la table prend, à ses yeux, une signification de suprême élégance, un ragoût de haut luxe. Et cette femme dont il ne voit pas la laideur ravagée ni le mal séditieux, aveuglé qu'il est d'une buée de sève, d'un bouillonnement de jeunesse, cette femme lui semble belle et désirable. Il s'applaudit de sa présence et lui sourit comme à une promesse de bonheur.

XIX

LA RUE DE LA GAÎTÉ

Dehors, sur le coup de sept heures, l'aspect de la rue a changé. La sortie des bureaux, des usines, des ateliers, y déverse le flot des travailleurs qui remontent vers leurs taudis de Plaisance et de banlieue. Quoi ? tant d'hommes encore restés à Paris ! On célèbre, aux bars, le culte national de l'apéritif, à peine entamé par la prohibition de l'absinthe, et où toutes les classes de la société communient, selon le rite, dans la même ferveur. Sur la chaussée, fendant la presse des piétons et des cyclistes, si dense qu'ils bloquent la marche des voitures et des tramways, les camelots, en dépit des règlements, hurlent leur feuille. Jean-Marie allume une cigarette et se laisse porter par ce courant d'humanité. Baigné d'effluves tièdes, il n'a plus d'autre souci que de s'y abandonner. Cette flânerie lui institue un état de béatitude. Aux éléments d'intérêt ordinaire de la rue, s'est surajoutée l'industrie des photographes rendue prospère par les événements. Ce n'est partout qu'étalage de clichés, reproductions en cartes postales d'images de civils et de poilus de toutes armes, où Jean-Marie s'ingénie, par passe-temps, à découvrir des figures de connaissance. Tous les locaux vacants ont été mobilisés à cet effet. On opère sous les yeux du public « à toute heure et par tous les temps. » Des artistes nécessiteux, s'employant au travail des retouches et des agrandissements, tiennent contre la vitre, au bout de leur crayon humilié d'une telle besogne, un cercle de badauds attentifs. Un luxe forain d'andrinople rouge drape la nudité de ces installations et en marque le caractère provisoire. Un photographe avisé voit tout de suite le parti qu'il peut tirer de ce mathurin faraud, chamarré de médailles, et pense l'utiliser à son profit comme une vivante réclame. Il lui offre gratuitement ses services. Cet industriel possède en magasin une série d'accessoires et d'écrans belliqueux, ce qui permet aux plus timorés de se montrer, agissant en pleine bataille, sous l'éclatement des obus, ou reposés de la victoire sur l'affût d'un canon entouré de trophées ennemis. Jean-Marie préfère se faire portraire en aéroplane, aux côtés d'Aurélie. L'effet escompté par le commerçant roublard ne manque pas de se produire. Comme si la présence de ce marin, tout chaud de la mêlée, sentant la poudre, et dont le regard seul donnait l'assurance de la victoire, l'avait consacré le photographe officiel de l'héroïsme, il voit affluer toute la soirée dans sa boutique une foule d'embusqués et de tire-au-flanc, pressés de se faire décerner, à vil prix, un brevet de courage.

L'opération terminée, le couple a repris sa promenade, côte à côte, mais si leurs pas s'accordent, leur pensée suit une pente opposée. Tandis que Jean-Marie, revigoré, puise un sentiment d'allégresse dans ces lieux qui ne lui offrent que des souvenirs agréables, la fille y sent déborder un trop plein d'amertume tant il est vrai que nous ne voyons des choses que le visage qui nous reflète, et que l'atmosphère ambiante n'est le plus souvent qu'une création de notre humeur, Jean-Marie s'intéresse à d'infimes détails ; il s'amuse de tout, de rien, du luxe des comptoirs, du jeu des glaces, des étagères où chante la gamme des liqueurs, des paquets de cigarettes polychromes sur leurs tablettes de verre. Il recueille la joie éparse dans l'air. Ce pittoresque, où il se distrait, n'est pour Aurélie qu'un décor usé où le noir de sa vie a déteint, et où elle revit en silence toute l'angoisse de sa condition de réprouvée. Chaque pas lui rappelle une douleur, une insulte, une avanie. Pour elle, se manifeste, dans l'ombre hostile et froide, l'indifférence ou le mépris des gens. Sous l'entrain factice, l'excitation passagère de l'alcool, elle lit le fond d'anxiété de cette foule de mercenaires, vivant péniblement au jour le jour, incertaine du lendemain. Elle n'est attentive qu'aux signes d'affliction, aux gestes de lassitude, aux discussions d'amants où éclate l'égoïsme et la brutalité du mâle, aux colères où tout le fiel de l'existence remonté explose dans un juron farouche sur les lèvres exaspérées. Elle n'envisage que les enfants rongés de vice précoce, marqués du sceau fatal des hérédités mauvaises ; les ménagères épuisées sous la charge du linge ou des maternités douloureuses ; les soldats malades ou blessés. Des mille incidents de la rue, elle ne retient que ceux dont sa sensibilité maladive peut avoir à souffrir ; une fillette en larmes ; un mendiant rudoyé ; un chien rejeté d'un coup de pied ; un cheval écroulé sous le fouet d'un charretier ivre. Des lueurs de la rue, elle n'aperçoit que la lanterne rouge du poste de police, où elle est si souvent traînée et tarabustée par les agents, sans qu'elle songe même à élever la voix, sûre que personne n'osera s'intéresser à elle et que sa plainte restera sans écho. Que de nuits atroces elle a passées là et y passera sûrement encore, jetée, comme une bête, derrière un grillage, dans la saleté et la puanteur, parmi les hoquets et les vomissements d'ivrognes ! De ce poste, elle voyait avec effroi se disperser, trois fois par jour, une nuée noire d'agents, qu'elle comparait à une bande d'oiseaux carnassiers, pressés de s'abattre sur le pauvre monde, et elle s'étonnait que le drapeau tricolore dont les hommes avaient fait un emblème de liberté, et pour lequel, en ce moment même, ils offraient joyeusement leur vie, servît d'enseigne à ce lieu de torture.

Cette rue de la Gaîté, Aurélie le sait, flanque un cimetière et constitue un trait d'union entre

le lugubre boulevard Edgar-Quinet, hanté de
convois, attristé de couronnes, d'ornements funé-
raires, et la morne avenue du Maine, où l'administration des Pompes-funèbres remise ses cor-
billards. C'est une explosion de vie entre deux
néants. On ne sort de son mouvement que pour
aboutir à la nuit et au silence. Derrière son décor
vivant, Aurélie sent la présence invisible de la
mort. Elle perçoit sous les relents de friture le
goût âcre du buis et le goût de la terre humide,
fraîchement remuée. Parfois, sous le bruit des
flonflons, elle démêle l'écho des fossoyeurs. C'est
à l'ombre d'une nécropole, près d'un champ
pourri d'ossements, que chaque soir afflue et se
concentre la joie populaire, comme s'il suffisait
de ce contraste pour l'exalter. La plupart des
fenêtres n'ont que le cimetière pour horizon. La
jeunesse du bal des *mille colonnes* qui vient,
échauffée de la danse, respirer l'air au balcon,
reçoit, en plein essoufflement de plaisir, le choc
brusque de cette vision macabre. Dans les cabinets particuliers, à l'entre-sol, dans les chambres
d'hôtel, où la menaient des clients de passage,
Aurélie ne pouvait écarter les rideaux sans rencontrer la file blanche des tombes qui lui rappelait
l'échéance prochaine. Là où Jean-Marie n'écoute
que l'appel du plaisir, elle entend monter la
plainte des asiles de nuit, des cliniques, des hôpi-
taux, qui font une ceinture de souffrance à ce
quartier de joie et où, en regard de cette foire
permanente, elle sait que se dressent à l'autre

extrémité, la masse noire d'une prison (la Santé) et les grilles d'une maison de fous (Sainte-Anne). Elle ne peut s'empêcher de songer que cet arrondissement, élu de la gaudriole, rachète son privilège joyeux d'un don fatal et qu'aux matins tragiques, dans l'aube glacée et grise, devant la gendarmerie assemblée, la guillotine, au couperet d'acier sinistre, y fait son œuvre.

Une tape amicale de Jean-Marie la sort brusquement de sa torpeur. Elle ouvre les yeux et le voit arrêté, avenue du Maine, devant un magasin de soldes, un peu en retrait de l'alignement, où voisinent des hardes fripées, des vêtements démodés et des oripeaux de théâtre, des dentelles et des fourrures de prix, où s'attestent les fréquents retours de fortune et l'instabilité des choses humaines. A la devanture, s'étale un gigantesque chapeau de femme, monument insolent de tulle, de soie et de fausses plumes, dont une commère de Revue, s'auréolant l'espace d'un soir, eût fait avec délices au feu des lustres et dans l'apothéose d'une flamme de Bengale l'insigne de son éphémère royauté. Les marins, qui ont vu se lever d'étranges mirages à l'horizon et entendu sur la mer la voix des sirènes, ont des fantaisies que les autres hommes ne connaissent point. Jean-Marie pousse Aurélie dans l'échoppe et la coiffe, sans mot dire, du fastueux chapeau. Elle en reste éberluée comme si elle avait reçu sur la tête le firmament chargé d'étoiles. Devant le miroir, elle halète, partagée entre

la peur du ridicule, son goût inné de Parisienne,
le sentiment de la mesure, et l'amour du clin-
quant qui domine les pauvres. Ce couvre-chef
rutilant précipite en désastre l'indigence de sa
jupe élimée, et lui prête les proportions d'un
scandale. Le marin le perçoit confusément et,
choisissant parmi les défroques exposées une
longue sortie de bal, soyeuse et claire, garnie de
franfreluches, qui la drape de la tête aux pieds, il
lui en fait l'étrenne. Puis, avisant le rayon de
bimbeloterie, il en tire un collier de cuivre étagé
à six rangs de simili-perles, dont il pare le cou
d'Aurélie, un cou long, décharné, tendu de cordes
en saillies, pénible à voir. Il lui met aux oreilles
deux énormes boutons de strass, munis de pende-
loques de nacre, et lui noue aux doigts un jeu de
stridente verroterie. Ces bijoux de pacotille, ces
ornements soldés à vil prix, n'excèdent pas ses
moyens. Ainsi parée, la malheureuse irradiait
d'éclats multicolores comme un feu d'artifice.
Jean-Marie, reculé pour juger de l'ensemble, a le
sourire satisfait du peintre à qui se révèle, après
de longs tâtonnements, la note juste, le trait
précis.

D'où lui était venu ce caprice? Peut-être d'une
ancienne coutume perdue dans la nuit des âges,
d'un vieux rite ancestral, du goût barbare hérité
de sa race, venue d'Asie. Peut-être de l'éblouissement, au cours de ses voyages, des idoles mexi-
caines, frottées d'écarlate, des dieux dorés de
l'Inde, des *Panagias* byzantines orfévrées, des

madones fulgurantes d'Italie et d'Espagne. Peut-
être d'un regain d'enfance, du souvenir des
vitraux coloriés de la chapelle où s'agenouillaient
ses émois de premier communiant. Peut-être,
tout simplement, du buste en cire devant lequel,
tout à l'heure, à la vitrine d'un coiffeur, il s'est
extasié.

XX

UNE SOIRÉE A « BOBINO »

Un crochet les ramène rue de la Gaîté, où ils ont délibéré d'achever la soirée, Ils la trouvent en alerte. C'est le coup de feu de huit heures, le branle-bas de fête, la ruée au plaisir de cette rue qui ne désarmait pas, et qui, malgré l'insécurité de l'heure, s'entêtait dans son appétit de jouissance. Seul, l'éclairage a diminué d'intensité. Aurélie sous son harnachement criard, bénéficie de l'appoint de l'ombre qu'elle cherche d'instinct. Les façades, jadis flamboyantes, ne s'indiquent plus que par des guirlandes d'ampoules de couleur, qui brillent sans éclairer, mais c'est toujours la même fièvre, l'entrain accoutumé. La cohue des travailleurs a fait place aux flâneurs et aux désœuvrés. On chôme le samedi. Les broches tournent au fond des rôtisseries. Les pâtisseries dégagent une odeur chaude. Les marchands d'huîtres et d'escargots achèvent leur besogne. Les établissements de plaisir, les entreprises de spectacles, ouvrent leurs portes, où la queue du public s'allonge. Les aboyeurs de *cinémas* font leur vacarme. Des appels électriques grésillent intarissablement ; des trompes d'autos déchirent l'air, provoquant de courtes paniques, des remous de foule. Tous les professionnels du soir, tous les profiteurs de la nuit sont aux aguets. La prostitution a pris les armes. Les agents des mœurs en bourgeois, aussi reconnaissables que s'ils portaient un uniforme, déambulant par groupes de trois, passent leurs justiciables en revue. Les débits regorgent. Ceux qui ont de l'argent le dépensent en hâte, ceux qui n'ont pas le sou les regardent s'amuser. L'actualité se marque par nombre de civils en brassards et de soldats permissionnaires ou blessés, en convalescence. Les plus dénués se frottent à la joie des autres pour s'y réchauffer et en prendre un reflet. Ils rôdent à l'affût d'une bonne aubaine, toujours sûrs de trouver une âme charitable pour leur offrir un verre ou leur payer une distraction. Même les amputés riaient de leur moignon et de leurs béquilles. Des groupes fiévreux descendent de voiture, des femmes en toilette, des messieurs en pelisse de fourrure, en chapeau haut-de-forme, mêlés à des filles en cheveux et à des costauds en casquette, que l'on s'étonne de rencontrer si loin du front. Et il y a aussi un élément de travailleurs, une jeunesse intrépide qui, ayant pris à peine le temps de dîner, redescend de Vanves, de Malakoff, d'Issy-les-Moulineaux, lavée des scories du travail, rasée de frais, la cotte échangée contre la veste du dimanche. Elle vient prendre sa part de liesse et faire succéder à la fatigue du labeur la fatigue du plaisir.

Les établissements divers se disputent la foule. Entre tant d'attractions, Jean-Marie balance. Il connaît les unes et se renseigne sur les autres. Il y a d'abord, tout près, les guinguettes : la *Tartine*, les *Mousquetaires*, le *Cabaret des Arts*, une foule de cinémas, puis le *Casino*, salle avenante, carrée, toute blanche, claire et nue, traversée d'une scène immense, au décor lilas ; le *concert Jamin*, rotonde orientale, où dans l'ombre propice, derrière les piliers massifs, les amants peuvent se donner, en liberté, des preuves palpables de leurs transports ; le *théâtre Montparnasse*, où l'on joue des drames noirs, coupés d'une multitude d'entr'actes et où, chaque fois, il s'était disputé avec les gardes de service parce qu'il s'obstinait à vouloir y fumer. Il se décide pour *Bobino*, alléché par le flamboiement d'immenses affiches coloriées, aux silhouettes géantes d'artistes en vedette. Suivi d'Aurélie, il traverse le grand vestibule où deux énormes molosses, très doux, malgré leur apparence formidable, rôdent parmi la foule, quêtant des habitués une caresse ou une friandise. Au fond, près du comptoir, se tient Montpreux, l'*impresario*, qui imagina d'acclimater le répertoire classique au café-concert, et de faire défiler, devant le peuple des faubourgs, les gloires du théâtre contemporain. Cet habile homme a l'œil à tout, l'œil du maître. Il surveille l'entrée et les opérations du contrôle, toujours prêt à intervenir dans les discussions avec cette fermeté conciliante qui le caractérise, et à faire sentir au public turbulent des galeries sa « poigne de fer sous un gant de velours. » Jean-Marie ne regardait pas à la dépense. Il prend une loge d'avant-scène, jette fièrement sur le marbre la pièce de cent sous exigée, et reçoit, en retour, un bout de papier qu'il affecte de froisser négligemment entre ses doigts. La salle pimpante, remise à neuf, blanche et rouge, est bondée. A leur entrée l'orchestre fait rage. Le coup de feu de la rampe, brusquement déclenché, incendiait le rideau. Le placeur leur désigne les sièges. Aurélie pénètre la première. Jean-Marie glisse sur les marches. En voulant se retenir, il fait claquer la porte de la loge. Toutes les têtes, au bruit, se retournent. Devant le spectacle imprévu de ce gars solide, investi de cette moribonde peinte, déguisée en reine de carnaval, il y a un moment de stupeur. En temps normal, on se fût esclaffé, mais, en temps de guerre, le soldat devient un être sacré, dont toutes les manifestations commandent le respect ou l'indulgence. L'intérêt qui s'attachait à ce marin, magnifique échantillon de la race, en qui s'exaltent les vertus du terroir, à ce militant dont cinq médailles crient la vaillance et les exploits, fige le sourire sur les lèvres.

Jean-Marie, se méprenant, interprète ce mouvement d'attention comme un muet hommage rendu à sa compagne, à l'élégance de sa toilette.

Il imagine la salle éblouie, charmée, et flatté dans sa vanité d'homme, il se carre, sur son fauteuil, copiant la pose désinvolte qu'il avait admirée chez des sous-officiers fêtards, paradant avec des femmes décolletées, un soir, au théâtre, à Saïgon.

Le rideau levé, le spectacle se déroule sur la scène, suivant l'ordre établi du programme, faisant alterner des chanteurs, des acrobates, des chiens savants, mais l'attention du public reste distraite et préoccupée. Les regards reviennent d'eux-mêmes à ce couple disparate, dont l'anomalie dressée en pleine lumière, interloque. Impossible d'imaginer une association plus insolite. L'homme, trônant, intrépide et résolu, soulevé en avant, les narines frémissantes, semble vouloir aspirer le monde de toute la force de son désir. La femme, vacillante et blessée, repliée sur soi, défiante, assombrie, semble se reculer de la vie comme d'une vision de cauchemar. L'un dit l'élan, la ferveur, le don joyeux de soi-même, et promène sur la foule un regard hardi jusqu'à la témérité, l'autre fléchit sous le poids de la maladie et de la honte, dit la lassitude de vivre, l'écœurement d'une besogne infâme, et montre le regard d'une bête traquée.

Ce couple, en pleine lumière, impressionne comme l'aveu de la fragilité humaine et de notre pitoyable destin. C'est l'image du monde, chaos de forces en fusion, éternel devenir, suprême champ de bataille, où se poursuit le débat incessant du bien et du mal, de l'ombre et du jour; du monde encore où le plaisir exige sa rançon de larmes, où la joie enfante la douleur, où toute félicité porte avec elle son germe destructeur. On y éprouve que le ciel ôte le jugement à ceux qu'il veut perdre, et que l'homme, aveuglé par l'instinct, se fait avec empressement l'artisan de sa propre ruine. On y saisit que les dons les plus heureux, loin d'émouvoir le sort et de prévenir ses coups, les appellent au contraire comme l'or attire les voleurs et le point culminant la foudre.

Près de cette femme, envenimée et maléfique, qui prend à ses côtés la signification de son mauvais génie, Jean-Marie semble une riche cargaison de jeunesse en route vers son écueil. Il ne pourra sortir qu'à son dommage de cette aventure. Ce duel lui sera fatal. On a envie de lui crier : « Prends garde ! », comme à un enfant qui joue imprudemment avec une arme chargée, et l'on déplore qu'il n'ait échappé à la mort héroïque du champ d'honneur que pour tomber frappé d'une blessure sans gloire, comme si le sort jaloux voulait le frustrer du prix de sa vaillance, mais nul ne peut écarter son destin, pas plus que le fruit ne peut se soustraire au point de maturité qui rompt sa tige et le fait choir à terre. L'irréparable allait sonner. Jean-Marie, sous ses dehors brillants, évoque la victime parée, offerte au bras levé du sacrificateur. Naïvement confiant, insoucieux de l'embûche sournoisement dressée, allumant cigarettes sur cigarettes, il ne voit que la projection de son rêve, et flotte, grisé de lumières et de musique, dans un nuage doré.

A l'entr'acte, la salle se vide de tous ses hommes comme par enchantement. C'est une ruée générale des gosiers altérés vers les bistrots environnants. Beaucoup, excédés d'une longue contention, pressés de se soulager, courent à la recherche d'un coin propice. L'unique retrait de l'établissement, ménagé dans la cour — où s'étiole une biche captive — n'arrive pas à absorber le flot, sans cesse grossi, des postulants, de sorte que l'on voit du groupe en attente se désagréger nombre de dissidents, qui vont mettre à contribution les encoignures, les palissades et jusqu'aux devantures du voisinage. Rien n'arrête l'audace des assaillants, favorisés par l'ombre et l'absence de surveillance. Une boucherie même, que la perméabilité de sa fermeture à grilles eût dû suffire à protéger, n'est pas épargnée. Tout est balayé d'un jet tenace et continu. Un copieux liquide serpentant des trottoirs va rejoindre et gonfler les ruisseaux. L'édifice de tôle adossé au mur de la rue Vandamme, aux stalles prises d'assaut, bouillonne d'une fiévreuse activité. Ces messieurs s'engouffrent dans son mince couloir, à l'affût d'une vacance, et pressent d'un piétinement d'impatience le jeu trop lent des occupants. Un grand sac à vin, qui n'en finit pas de se dégonfler, perçoit derrière lui le frémissement nerveux de Jean-Marie et, charitablement, lui fait place à ses côtés.

— C'est pas d' refus ! dit le marin. Puis,

sachant qu'une politesse en vaut une autre, il ajoute, pour se montrer aimable, sur un ton d'enjouement : « Ct'affaire là, ça gêne plus qu'ça n' sert ». L'autre n'a garde de se méprendre sur l'allusion : « Ça s' pourrait bien », concilie-t-il, impressionné de la remarque, et les deux hommes se taisent comme s'ils avaient épuisé la somme des entretiens philosophiques dont ils étaient capables. Peut-être vérifiaient-ils en silence, au fond de leurs souvenirs, la justesse de cet aphorisme désenchanté.

Jean-Marie, délesté et de retour, croise sur son chemin un groupe de militaires en godaille, des ouvriers de la 22ᵉ section, à qui l'heure avancée interdit l'accès des débits, et qui se partagent, sur le trottoir, un litre « d'aramon » apporté par un civil complaisant. Ils boivent à même la bouteille, à tour de rôle. Jean-Marie s'arrête, distraitement, pour rouler une cigarette. Celui qui boit, croyant à une sollicitation, sort le goulot de sa bouche et le lui offre, encore humide, mais Jean-Marie sait que noblesse oblige et qu'un marin ne doit pas se compromettre avec l'armée de terre, encore bien moins avec des embusqués et des fricoteurs. Il affecte un air dédaigneux que l'autre, heureusement, ne voit pas, et poursuit son chemin en ronchonnant : « Y n' s'épate pas, l'frère !... non, mais des fois, y n'm'a pas r'gardé ! » Encore qu'il n'eût pas soif, il entendait laisser à son geste de désintéressement toute sa valeur. Il s'en rehaussait à ses propres yeux.

Aurélie, restée seule dans la loge, feint de s'absorber dans la lecture du programme, pour ne pas rencontrer l'ironie des regards braqués. Son malaise s'accentue. A sa détresse morale, s'ajoute la brûlure d'une digestion pénible. Elle a peine à sourire au retour de son client. A ce moment, sur la scène, un ménage de « danseurs cosmopolites à transformations » (suivant les termes de l'affiche) interprétait une série d'évolutions empruntées « au répertoire chorégraphique mondial » et montrait comment chaque peuple mime sa joie, obéit aux suggestions des sens et répond à l'appel impérieux de l'instinct. Cette série de danses, en costumes nationaux, évoquant la splendeur des périodes tranquilles, où affluent les dons heureux de la paix, avait fait oublier la guerre. Elle revient dans la chanson d'un homme en habit noir, qui, violemment, de toute sa bouche ouverte, de tous ses gestes forcenés, du roulement de ses yeux désorbités, voue les Boches, pour leur férocité, à l'exécration de l'histoire et magnifie, en regard, l'héroïsme loyal de nos poilus. Le refrain, plus riche d'intentions que de style :

> Berlin ! c'est loin, mais nous irons !
> Oui, les Prussiens, nous les aurons !

est repris en chœur par l'assistance, qui ponctue le final d'un énergique gueulement : « On les aura ! »

« On les aura ! » c'était l'explosion d'une longue haine amassée contre l'ennemi séculaire, toute la révolte de la race dressée contre l'envahisseur, la menace où s'exaltait l'humeur guerrière de la France, sa soif de justice, son besoin de revanche, sa foi indéracinable en la victoire prochaine. Et, vibrant avec la salle, Jean-Marie, dans un élan de tout son être, penché sur le rebord de la loge, vocifère, congestionné de colère : « On les aura ! » tandis qu'à ses côtés, la femme-momie, sous ses haillons dorés, semblait l'image de la Mort où tout retourne, et qui ne laisse à la Jeunesse, à la Vaillance, à la Beauté, à l'Enthousiasme, le temps de se manifester que pour avoir une proie plus riche à confisquer.

TABLE DES MATIÈRES

MAYENNE, IMPRIMERIE FLOCH. — 8-1926

BIBLIOTHÈQUE MIN

3 fr. 50 le volume relié satinette fa

Cette bibliothèque est composée de précieux petits volumes particulièrement appréciés des lettrés, parce qu'ils y trouvent, condensés en de substantiels bréviaires qui sont aussi de charmants bibelots typographiques, tous les chefs-d'œuvre de la pensée humaine. Rationalistes ou mystiques, sociologues ou artistes, philosophes ou poètes, tous les genres d'esprit, tous les tempéraments ont leur place dans cette collection. Aussi permet-elle de satisfaire tous les goûts et toutes les aspirations, les besoins les plus profonds du cœur comme les tendances les plus élevées de l'esprit.